WILLIAM SHAKESPEARE
(1564-1616)

WILLIAM SHAKESPEARE nasceu e morreu em Stratford, Inglaterra. Poeta e dramaturgo, é considerado um dos mais importantes autores de todos os tempos. Filho de um rico comerciante, desde cedo Shakespeare escrevia poemas. Mais tarde associou-se ao Globe Theatre, onde conheceu a plenitude da glória e do sucesso financeiro. Depois de alcançar o triunfo e a fama, retirou-se para uma luxuosa propriedade em sua cidade natal, onde morreu. Deixou um acervo impressionante, do qual destacam-se clássicos como *Romeu e Julieta, Hamlet, A megera domada, O rei Lear, Macbeth, Otelo, Sonho de uma noite de verão, A tempestade, Ricardo III, Júlio César, Muito barulho por nada* etc.

Livros do autor publicados pela **L&PM** EDITORES:

As alegres matronas de Windsor – Trad. de Millôr Fernandes
Antônio & Cleópatra – Trad. de Beatriz Viégas-Faria
Bem está o que bem acaba – Trad. de Beatriz Viégas-Faria
A comédia dos erros – Trad. de Beatriz Viégas-Faria
Como gostais / Conto de inverno – Trad. de Beatriz Viégas-Faria
Hamlet – Trad. de Millôr Fernandes
Henrique V – Trad. de Beatriz Viégas-Faria
Júlio César – Trad. de Beatriz Viégas-Faria
Macbeth – Trad. de Beatriz Viégas-Faria
Medida por medida – Trad. de Beatriz Viégas-Faria
A megera domada – Trad. de Millôr Fernandes
O mercador de Veneza – Trad. de Beatriz Viégas-Faria
Muito barulho por nada – Trad. de Beatriz Viégas-Faria
Noite de Reis – Trad. de Beatriz Viégas-Faria
Otelo – Trad. de Beatriz Viégas-Faria
O rei Lear – Trad. de Millôr Fernandes
Ricardo III – Trad. de Beatriz Viégas-Faria
Romeu e Julieta – Trad. de Beatriz Viégas-Faria
Sonetos – Trad. de Jorge Wanderley (Edição bilíngue)
Sonho de uma noite de verão – Trad. de Beatriz Viégas-Faria
A tempestade – Trad. de Beatriz Viégas-Faria
Tito Andrônico – Trad. de Beatriz Viégas-Faria
Trabalhos de amor perdidos – Trad. de Beatriz Viégas-Faria

Leia também:
Guia Cambridge de Shakespeare – Emma Smith
Hamlet (MANGÁ)
Shakespeare – Claude Mourthé (Série Biografias)
Shakespeare – Obras escolhidas
Shakespeare – Série Ouro
Shakespeare de A a Z (Livro das citações) – Org. de Sergio Faraco
Shakespeare traduzido por Millôr Fernandes

WILLIAM SHAKESPEARE

A MEGERA DOMADA

Tradução de MILLÔR FERNANDES

www.lpm.com.br
L&PM POCKET

Coleção **L&PM** POCKET, vol. 95

Texto de acordo com a nova ortografia.
Título original: *The Taming of the Shrew*

Primeira edição na Coleção **L&PM** POCKET: 1998
Esta reimpressão: junho de 2023

Capa: Ivan Pinheiro Machado. *Ilustração*: iStock
Tradução: Millôr Fernandes
Revisão: Marcelo Soares

S527m

Shakespeare, William, 1564-1616
    A megera domada / William Shakespeare; tradução de Millôr
Fernandes. – Porto Alegre: L&PM, 2023.
    144 p ; 18 cm – (Coleção L&PM POCKET; v. 95)

    ISBN 978-85-254-0882-2

    1. Teatro inglês-comédias. I Título. II. Série.

                                      CDD 822.33T3-4
                                      CDU 820 Shak.03

Catalogação elaborada por Izabel A. Merlo, CRB 10/329.

© da tradução Millôr Fernandes, 1994

Todos os direitos desta edição reservados a L&PM Editores
Rua Comendador Coruja, 314, loja 9 – Floresta – 90.220-180
Porto Alegre – RS – Brasil / Fone: 51.3225.5777

Pedidos & Depto. Comercial: vendas@lpm.com.br
Fale conosco: info@lpm.com.br
www.lpm.com.br

Impresso no Brasil
Inverno de 2023

VIDA E OBRA

WILLIAM SHAKESPEARE nasceu em Stratford-upon-Avon, Inglaterra, em 23 de abril de 1564, filho de John Shakespeare e Mary Arden. John Shakespeare era um rico comerciante, além de ter ocupado vários cargos da administração da cidade. Mary Arden era oriunda de uma próspera família. Pouco se sabe da infância e da juventude de Shakespeare, mas imagina-se que tenha frequentado a escola primária King Edward VI, onde teria aprendido latim e literatura. Em dezembro de 1582, Shakespeare casou-se com Anne Hathaway, filha de um fazendeiro das redondezas. Tiveram três filhos.

A partir de 1592, os dados biográficos são mais abundantes. Em março, estreou no Rose Theatre de Londres uma peça chamada *Harry the Sixth*, de muito sucesso, que foi provavelmente a primeira parte de *Henrique VI*. Em 1593, Shakespeare publicou seu poema "Vênus e Adônis" e, no ano seguinte, o poema "O estupro de Lucrécia". Acredita-se que, nessa época, Shakespeare já era um dramaturgo (e um ator, já que os dramaturgos na sua maior parte também participavam da encenação de suas peças) de sucesso. Em 1594, após um período de poucas montagens em Londres, devido à peste, Shakespeare juntou-se à trupe de Lord Chamberlain. Os dois mais célebres dramaturgos do período, Christopher

Marlowe (1564-1593) e Thomas Kyd (1558-1594), respectivamente autores de *O judeu de Malta* e *Tragédia espanhola*, morreram por esta época, e Shakespeare encontrava-se pela primeira vez sem rival.

Os teatros de madeira elisabetanos eram construções simples, a céu aberto, com um palco que se projetava à frente, em volta do qual se punha a plateia, de pé. Ao fundo, havia duas portas, pelas quais atores entravam e saíam. Acima, uma sacada, que era usada quando tornava-se necessário mostrar uma cena que se passasse em uma ambientação secundária. Não havia cenário, o que abria toda uma gama de versáteis possibilidades, já que, sem cortina, a peça começava quando entrava o primeiro ator e terminava à saída do último, e simples objetos e peças de vestuário desempenhavam importantes funções para localizar a história. As ações se passavam muito rápido. Devido à proximidade com o público, trejeitos e expressões dos atores (todos homens) podiam ser facilmente apreciados. As companhias teatrais eram formadas por dez a quinze membros e funcionavam como cooperativas: todos recebiam participações nos lucros. Escrevia-se, portanto, tendo em mente cada integrante da companhia.

Em 1594, Shakespeare já havia escrito as três partes de *Henrique VI, Ricardo III, Tito Andrônico, Dois cavalheiros de Verona, Trabalhos de amor perdidos, A comédia dos erros* e *A megera domada*. Em 1596, morreu o único filho homem de Shakespeare, Hamnet. Logo em seguida, ele escreveu a primeira das suas peças mais famosas, *Romeu e Julieta*, à qual seguiram-se *Sonho de uma noite de verão, Ricardo II* e *O mercador de Veneza*. *Henrique IV*, na qual aparece Falstaff, seu mais famoso personagem cômico, foi escrita entre 1597-1598. No Natal de 1598, a companhia construiu uma nova casa de espetáculos na margem sul do Tâmisa. Os custos foram divididos pelos diretores da companhia, entre os quais Shakespeare, que provavelmente já tinha alguma fortuna. Nascia o Globe Theatre. Também é de 1598 o reconhecimento de Shakespeare como o mais importante dramaturgo de língua inglesa: suas peças, além de atraírem milhares de espectadores para os teatros de madeira, eram impressas e vendidas sob a forma de livro – às vezes até mesmo pirateados. Seguiram-se *Henrique V, Como gostais, Júlio César* – a primeira das suas tragédias da maturidade –, *Troilo e Créssida, As alegres matronas de Windsor, Hamlet* e *Noite de Reis*. Shakespeare escreveu a maior parte dos papéis principais de suas tragédias para Richard Burbage, sócio e ator, que primeiro se destacou com *Ricardo III*.

Em março de 1603, morreu a rainha Elizabeth. A companhia havia encenado diversas peças para ela, mas seu sucessor, o rei James, contratou-a em caráter permanente, e ela tornou-se conhecida como King's Men – Homens do Rei. Eles encenaram diversas vezes na corte e prosperaram financeiramente. Seguiram-se *Bem está o que bem acaba* e *Medida por medida* – suas comédias mais sombrias –, *Otelo, Macbeth, Rei Lear, Antônio e Cleópatra* e *Coriolano*. A partir de 1601, Shakespeare escreveu menos. Em 1608, a King's Men comprou uma segunda casa de espetáculos, um teatro privado em Blackfriars. Nesses teatros privados, as peças eram encenadas em ambientes fechados, o ingresso custava mais do que nas casas públicas de espetáculos, e o público, consequentemente, era mais seleto. Parece ter sido nessa época que Shakespeare aposentou-se dos palcos: seu nome não aparece nas listas de atores a partir de 1607. Voltou a viver em Stratford, onde era considerado um dos mais ilustres cidadãos. Escreveu então quatro tragicomédias, subgênero que começava a ganhar espaço: *Péricles, Cimbelino, Conto de inverno* e *A tempestade*, sendo que esta última foi encenada na corte em 1611. Shakespeare morreu em Stratford em 23 de abril de 1616. Foi enterrado na parte da igreja reservada ao clero. Escreveu ao todo 38 peças, 154 sonetos e uma variedade de outros poemas. Suas peças destacam-se pela grandeza poética da linguagem, pela profundidade filosófica e pela complexa caracterização dos personagens. É considerado unanimemente um dos mais importantes autores de todos os tempos.

Sobre tradução

Millôr Fernandes

Passei boa parte de minha vida traduzindo furiosamente, sobretudo do inglês. Para ser mais preciso, até os vinte anos, quando traduzi um livro de Pearl Buck para a José Olympio. O livro se chamava *Dragon Seed*, foi publicado com o nome de *A Estirpe do Dragão* e, como eu não tinha contato com o editor, foi assinado pelo intermediário, o escritor Antônio Pinto Nogueira de Accioly Netto, diretor da revista *O Cruzeiro*, mediante 60% dos direitos.

Depois disso abandonei a profissão *para nunca mais*, por ser trabalho exaustivo, anônimo, mal-remunerado. Só voltei à tradução em 1960, com a peça *Good People* (*A Fábula de Brooklyn*), de Irvin Shaw, para o Teatro da Praça. Depois disso traduzi mais três ou quatro peças – entre elas *The Playboy of The Western World*, uma obra-prima, de tradução quase impossível devido à sua linguagem extremamente peculiar.

Com a experiência que tenho, hoje, em vários ramos de atividade cultural, considero a tradução a mais difícil das empreitadas intelectuais. É mais difícil mesmo do que criar originais, embora, claro, não tão importante. E tanto isso é verdade que, no que me diz respeito, continuo a achar aceitáveis alguns contos e outros trabalhos meus de vinte anos atrás; mas não teria coragem de assinar nenhuma de minhas traduções da mesma época. Só hoje sou, do ponto de vista cultural e profissional, suficientemente amadurecido para traduzir. As traduções, quase sem exceção (e não falo só do Brasil), têm tanto a ver com o original quanto uma filha tem a ver com o pai ou um filho a ver com a mãe. Lembram, no todo, o de onde saíram, mas, pra começo de conversa, adquirem como que um outro sexo. No Brasil, especialmente (o problema econômico é básico), entre o ir e o vir da tradução perde-se o humor, a graça, o talento, a poesia, o pensamento, e, mais que tudo, o estilo do autor.

Fica dito: não se pode traduzir sem ter uma filosofia a respeito do assunto. Não se pode traduzir sem ter o mais absoluto respeito pelo original e, paradoxalmente, sem o atrevimento ocasional de desrespeitar a *letra* do original exatamente para lhe captar melhor o espírito. Não se pode traduzir sem o mais amplo conhecimento da língua traduzida mas, acima de tudo, sem o fácil domínio da língua para a qual se traduz. Não se pode traduzir sem cultura e, também, contraditoriamente, não se pode traduzir quando se é um erudito, profissional utilíssimo pelas informações que nos presta – que seria de nós sem os eruditos em Shakespeare? – mas cuja tendência fatal é empalhar a borboleta. Não se pode traduzir sem intuição. Não se pode traduzir sem ser escritor, com estilo próprio, originalidade sua, senso profissional. Não se pode traduzir sem dignidade.

De uma entrevista para *Senhor* – 1962

A MEGERA DOMADA

Personagens

Sly
Hospedeira
Lorde
Primeiro Caçador
Segundo Caçador
Nobre
Criado
Atores
2º Comediante
1º Comediante
Primeiro Criado
2º Criado
3º Criado
Pajem
Lucêncio
Trânio
Batista

Grêmio
Catarina
Hortênsio
Bianca
Biondello
Petrúquio
Grúmio
Curtis
Nataniel
Filipe
José
Nicolau
Pedro
Professor
Alfaiate
Vincêncio
Viúva

Prólogo

Cena I

À porta de uma cervejaria, num prado.

Sly: Vou te arrancar a pele, eu juro!

Hospedeira: Um bom par de algemas, seu canalha!

Sly: Canalha é você! Os Sly não são canalhas. Leia nas crônicas. Viemos com Ricardo, o conquistador. Portanto, *paucas pallabris*[1]. Deixa o mundo girar. Estanca![2]

Hospedeira: Paga ou não paga os copos que quebrou?

Sly: Nem um vintém. Por São Jerônimo, vai! Vai pra tua cama fria; vai te esquentar.

Hospedeira: Já sei o teu remédio: vou chamar o sentinela.

Sly: Sentinela e senta nela![3] Eu lhe respondo é com a lei. Não cedo um palmo. Que ele venha devagar (*Deita-se no chão e dorme. Soam trompas. Entra um lorde, vindo da caça, acompanhado de caçadores e criados.*)

Lorde: Caçador, eu te recomendo, trata bem de meus cães. O pobre Merriman até espuma, de tão cansado. Bota o Clowder para cobrir a cadela de latido rouco. Você viu, meu rapaz, a esperteza de Silver, na saída do bosque, quando todos os outros cães já estavam perdidos? Eu não venderia esse cão nem por vinte libras[4].

1º Caçador: Ora, senhor, Bellman é tão bom quanto ele: ladra ao menor desvio de caminho e hoje, duas vezes seguidas, conseguiu reencontrar um cheiro quase extinto. Confie em mim: é o melhor cão de todos os seus cachorros.

Lorde: Você está louco. Bastaria que Eco fosse tão rápido quanto ele e valeria vinte vezes mais. Mas alimenta-o bem, cuida igual de todos. Amanhã vamos caçar de novo.

1º Caçador: Fique tranquilo, meu senhor.

Lorde: (*Descobrindo Sly.*) Que é isso? Um morto ou um bêbado? Vê se respira.

2º Caçador: Respira, meu senhor. Se não estivesse tão quente de cerveja isto seria uma cama demasiado fria para cair em sono tão profundo.

Nobre: Oh, animal monstruoso! Dorme como um porco! Morte sombria, que fétida e nojenta é tua imagem! Senhores, quero fazer uma experiência com este bêbado! Que acham de o colocarmos numa cama, cobrindo-o com lençóis preciosos, pondo-lhe anéis nos dedos e, junto à cama, o mais delicioso dos banquetes com criados atentos ao seu despertar? O mendigo não esqueceria logo a sua condição?

1º Caçador: Claro, senhor, não teria outra escolha.

2º Caçador: Ficaria assombrado ao despertar.

Lorde: Como num sonho espantoso ou fabulosa fantasia. Levem-no então, preparem bem a brincadeira. Coloquem-no, gentilmente, no meu quarto melhor, e enfeitem as paredes com meus quadros mais belos; lavem-lhe a cabeça imunda em água quente e perfumada e queimem madeiras aromáticas para envolver de doçura o aposento. Tenham a música preparada para que, acordando, ouça sons delicados e celestes. E se, por acaso, conseguir falar, estejam prontos com mesuras e reverências submissas... "Que ordena Vossa Honra?" Um lhe apresentará a bacia de prata cheia de água-de-rosas salpicada de flores; outro trará o jarro; e o terceiro, a toalha, dizendo: "A Vossa Honra não lhe agradaria agora refrescar as mãos?". Que alguém tenha pronto um soberbo costume e lhe pergunte, então, que roupa ele prefere. Outro deve falar dos seus cães e cavalos e que sua mulher está inconsolável por tê-lo tão doente. Convençam-no de que esteve louco e, quando ele insistir que se chama Sly, digam que sonha, pois é realmente um poderoso lorde. Façam isso, mas com habilidade, amáveis senhores. Se agirem em tudo com prudência será passar um belo passatempo.

1º Caçador: Senhor, eu lhe garanto: vamos representar tão bem nosso papel que, por força de nossa habilidade, ele não poderá pensar ser menos do que aquilo que afirmamos que ele é.

Lorde: Peguem-no, pois, com cuidado e ao leito com ele! Cada qual no seu posto, quando ele acordar! (*Sly sai, carregado pelos caçadores. Soam trompas.*) Menino, vai ver que trompa é essa que ressoa. (*Sai o criado.*) Talvez algum fidalgo amigo que pretenda, em meio a uma viagem um tanto longa, pedir repouso aqui. (*Entra criado.*) Então? Quem é?

Criado: Com permissão de V. Senhoria, comediantes que vêm oferecer serviço.

Lorde: Diga-lhes que se aproximem. (*Entram os atores.*) Então, camaradas? São bem-vindos.

Atores: Agradecemos a V. Senhoria.

Lorde: Pretendem passar a noite aqui?

2º Comediante: Se for do agrado de V. Senhoria aceitar nossos préstimos.

Lorde: De todo coração. Conheço este nosso companheiro. Vi-o uma vez representando o filho mais velho de um senhor do campo. Cortejava habilmente uma donzela nobre. Esqueci o seu nome; mas esteja certo de que representou essa parte com grande aptidão e perfeita naturalidade.

1º Comediante: Acho que é ao papel de Soto que V. Senhoria se refere.

Lorde: Esse mesmo! E você o fez magnífico. Bem, chegam mesmo em boa hora, pois estou preparando uma diversão na qual a perícia de vocês pode me ajudar muito. Está comigo um nobre que esta noite assistirá à representação. Porém, duvido que se controlem quando ele começar a agir de modo estranho – pois Sua Senhoria jamais assistiu a uma peça. Receio que tenham um acesso qualquer de hilaridade e o ofendam com isso: aviso-os, pois, senhores; basta um sorriso para deixá-lo irritado.

1º Comediante: Nada tema, senhor; saberemos conter-nos, seja ele a criatura mais ridícula do mundo.

Lorde: Vai, garoto, mostra-lhe a despensa e dá boa acolhida a todos e a cada um. Que não lhes falte nada do que há em minha casa. (*Sai criado com os atores. A outro criado.*) Menino, procura meu pajem Bartolomeu e diz-lhe que se vista inteiramente de mulher. Isso feito, leva-o ao aposento do bêbado, sempre chamando-o de senhora e obedecendo-lhe como tal. Diz que, se quiser manter a minha estima, deve se comportar com atitude nobre e recatada como uma grande dama em frente ao esposo. Assim fará diante do bêbado, falando com voz doce e humilde cortesia, dizendo: "Que deseja Vossa Honra, e que ordena, a fim de que esta simples dama, dedicada esposa, possa mostrar seu afeto, testemunhar seu amor?". E então, com abraços cheios de ternura e beijos tentadores, deve inclinar a cabeça sobre o peito dele, inundando-o de lágrimas de alegria. Como se estivesse transbordando de felicidade por ver seu nobre senhor recobrar a razão depois de viver em delírio duas vezes sete anos, julgando ser apenas um pobre e desprezível vagabundo. E se o rapaz não tem o dom tão feminino de derramar lágrimas à vontade, uma cebola servirá ao mesmo fim. Deve ocultá-la num lenço, o qual, levado aos olhos, provará que chore lágrimas sentidas. Faça com que isso se realize o mais depressa possível. Depois darei mais instruções. (*Sai o criado.*) Tenho certeza de que o rapaz usurpará a graça, a voz, o jeito e os meneios de uma dama. Só quero vê-lo chamando o bêbado de esposo e meus criados contendo-se de rir enquanto prestam homenagens a esse simples campônio. Tenho que prepará-los. Com minha presença espero conter-lhes o ânimo brincalhão que, de outro modo, poderia chegar a não sei que extremo. (*Sai*)

Cena II

Um quarto de dormir na casa do lorde.
(*Entra Sly, vestido com uma esplêndida camisa de dormir, acompanhado de vários servidores. Mostram belas peças de vestuário, uma bacia, um jarro, e diversos objetos de toucador. Entra o lorde, vestido de criado.*)

SLY: Pelo amor de Deus, uma caneca de cerveja.

1º CRIADO: Não agradará a V. Senhoria uma taça de xerez?

2º CRIADO: Não quererá V. Honra provar destas conservas?

3º CRIADO: Que traje V. Honra pretende vestir hoje?

SLY: Eu sou Cristóvão Sly! Não me chamem de honra nem de senhoria. Nunca bebi xerez em toda a minha vida. E se querem me oferecer conservas, que sejam de carne de vaca. Também não venham perguntar que roupa quero usar, pois não tenho mais roupas do que corpo, mais meias do que pernas, nem mais sapatos do que pés, isto é, às vezes tenho mais pés do que sapatos, que é quando meus dedos ficam olhando pelos buracos do couro.

LORDE: Oh, que o céu faça cessar esse delírio de V. Senhoria! Oh, que um homem de poder e nascimento, tão rico em possessões e alta estima, esteja dominado por tão baixo espírito!

SLY: Querem dizer, então, que estou maluco? Que eu não sou Cristóvão Sly, filho do velho Sly de Burton-Heath, mascate por parte de pai, fabricante de cartas por educação, domador de ursos por imitação e tendo a de funileiro como minha atual profissão? Perguntem a Mariana Hacket, a cervejeira gorda lá de Wincot, se ela não me conhece. Se ela não disser que só de cerveja eu lhe devo catorze pences, então eu quero ser o mais mentiroso de todos os canalhas desta cristandade. Qual, eu estou delirando? Olha aqui...

1º Criado: Isso é o que deixa triste sua esposa.

2º Criado: Isso é o que faz desolar seus servidores.

Lorde: É por isso, senhor, que teus parentes evitam esta mansão, assustados por teus estranhos desvarios. Ó nobre amo, relembra onde nasceste, faz voltar do desterro os velhos pensamentos e expulsa daqui os pensamentos vis, os sentimentos baixos. Olha como te atendem teus criados, cada um no seu posto, atentos ao menor gesto teu. Queres música? Pois ouve; Apolo toca (*música*) – e logo, nas gaiolas, dez rouxinóis o acompanham. Ou preferes dormir? Dar-te-emos um leito mais amplo e mais macio do que a cama sensual preparada em intenção de Semíramis. Dize que desejas apenas passear; encheremos de flores os caminhos. Preferes cavalgar? Teus cavalos serão logo encilhados com arreios de ouro e pedrarias. Amas a caça? Terás falcões que voarão mais alto e mais distante do que a cotovia matinal. Mas, se queres caçar doutra maneira, teus cães obrigarão o azul a responder-lhes – e arrancarão ecos frementes do oco das montanhas.

1º Criado: Diz que te agradam as corridas e terás perdigueiros mais rápidos do que o cervo, ah, mais velozes do que os antílopes de fôlego.

2º Criado: Gostas de quadros? Traremos imediatamente Adonis pintado às margens de um regato e uma Citérea oculta por juncos que parecem mexer e farfalhar se ela respira.

Lorde: Te mostraremos Io quando virgem e como foi pegada e seduzida. Pintado com a mesma paixão com que o fato foi feito.

3º Criado: Ou Dáfne correndo entre espinheiros, ferindo as pernas, que se juraria sangrarem e que, olhando isso, o triste Apolo chora: tal o primor com que foram pintados o sangue e as lágrimas.

Lorde: Tu és um nobre e nada mais que um nobre. E tens uma esposa mais bela do que qualquer outra mulher na idade do mundo em que vivemos.

1º Criado: Antes que as lágrimas que por ti derramou corressem invejosas, sulcando-lhe a face encantadora, era a mais bela criatura deste mundo e, ainda assim, não é inferior a qualquer outra.

Sly: Então sou um fidalgo? E tenho tal esposa? Ou estou sonhando? Ou será que sonhei até agora? Dormindo eu não estou: vejo, ouço, falo. Só respiro perfumes! E toco em coisas brandas. Por minha vida! Sou, realmente, um nobre e não um funileiro, um Cristóvão Sly. Pois bem; tragam aqui minha mulher e, outra vez, uma caneca da melhor cerveja.

2º Criado: V. Alteza gostaria de lavar as mãos? (*Os criados apresentam bacia, toalha etc.*) Oh, como ficamos alegres em vê-lo com o juízo restabelecido! Que agora, para sempre, seja apenas quem é. Esses quinze anos viveu sempre num sonho e, mesmo se acordava, ainda assim dormia.

Sly: Esses quinze anos! É o que eu chamo um cochilo. E não falei durante todo o tempo?

1º Criado: Oh, sim, meu senhor, mas palavras sem nexo, pois, embora estivesse deitado nesta bela câmara, reclamava sempre que o punham na rua a pontapés: e lançava os piores insultos contra a dona da casa ameaçando levá-la aos tribunais, porque ela o servia em canecos de barro e não em cântaros lacrados; algumas vezes gritava chamando Cecília Hacket.

Sly: Ah, é a criada da Cervejaria.

3º Criado: Ora, o senhor não conhece tal criada, nem tal cervejaria. Nem nenhum desses nomes que chamava, como Estêvão Sly, o grego João Dorminhoco, Pedro Turf e Henrique Pimpernell. E mais duas dezenas de nomes e homens semelhantes que nunca ninguém viu, nem existiram.

Sly: Que Deus, então, seja louvado pela minha recuperação.

Todos: Amém.

Sly: Agradeço a todos. Saberei recompensá-los. (*Entra o pajem vestido de mulher, acompanhado de outros servidores.*)

Pajem: Como se sente o meu nobre senhor?

Sly: Muito bem, estou muito bem; isto aqui é bastante divertido. Onde está minha esposa?

Pajem: Aqui, nobre senhor. Que desejas com ela?

Sly: Então és minha esposa e não me chamas de esposo? Sou senhor para os criados; para ti, um companheiro.

Pajem: Meu esposo e meu senhor, meu senhor e marido. Sou tua mulher obediente em tudo.

Sly: Eu bem sei. Como devo chamá-la?

Lorde: Madame.

Sly: Madame Juana ou madame Alice?

Lorde: Madame e nada mais; é assim que os nobres chamam as esposas.

Sly: Madame esposa, afirmam que eu dormi e delirei por mais de quinze anos.

Pajem: Oh, e a mim me pareceram trinta, vivendo tanto tempo longe de teu leito!

Sly: É muito, é muito. Criados; deixem-nos sós. Madame, dispa-se e venha para a cama.

Pajem: Senhor três vezes nobre, eu te suplico desculpar-me ainda por uma noite ou duas ou, pelo menos, até que o sol se ponha. Os nossos médicos recomendaram isso expressamente, pois há perigo de uma recaída e é aconselhável que eu me conserve ausente do teu leito. Espero que essa razão me justifique.

Sly: Ai, que é quase impossível me conter por mais tempo. Mas eu estaria perdido se caísse em delírio novamente. Assim, me conterei e que se contenham a carne e o sangue. (*Entra um mensageiro.*)

Criado: Os comediantes de V. Senhoria, ouvindo falar de sua cura, vieram representar uma agradável comédia. Acham os médicos que isso lhe convém, pois observaram que o excesso de tristeza deixou seu sangue congelado. A melancolia é a mãe dos desvarios. Assim, acham bom que assista a um espetáculo. Pois quando a alegria e a animação nos envolvem o espírito, afastam muitos males e prolongam a vida.

Sly: Está bem, eu assisto. Que representem. Não é uma dança de Natal, nem truques de saltimbancos?

Pajem: Não, meu bom senhor; o miolo é melhor.

Sly: É miolo de pão?

Pajem: O miolo da história.

Sly: Pois bem, vejamos. Vem, madame esposa, senta aqui a meu lado e deixa o mundo girar. Jamais seremos tão jovens (*Fanfarras*)

FINAL DO PRÓLOGO

ATO I

Cena I

Pádua. Uma praça pública.
(*Entram Lucêncio e Trânio*)

Lucêncio: Trânio, foi o enorme desejo de conhecer a bela Pádua, mãe das artes, que me trouxe à gentil Lombardia – o agradável jardim da grande Itália. Chego armado de boa vontade, da licença e do amor do meu pai e de tua bela companhia, meu criado fiel, tantas vezes provado. Respiremos um pouco, pois logo iniciaremos um curso de sabedoria e elevados estudos. Pisa, famosa por seus graves cidadãos, foi onde nasci e onde nasceu meu pai, Vincêncio, pertencente à família Bentivolli e mercador conhecido em todo o mundo. Lucêncio, este seu filho, educado em Florença, pretende realizar as esperanças do pai adornando-lhe a fortuna com ações virtuosas. E assim, Trânio, enquanto eu estudar, virtude, e procurarei me aplicar a essa parte da filosofia segundo a qual a felicidade está na virtude. Diz tua opinião; pois deixei Pisa e vim morar em Pádua como quem sai de uma poça d'água e cai no mar profundo.

Trânio: *Mi perdonato*, meu gentil senhor, pois concordo nisso tudo, contente de que persista no intento de aspirar as doçuras da doce filosofia. Apenas, meu bom amo, por mais que admiremos essa virtude, essa disciplina moral, rogo-lhe não nos tornemos estoicos ou insensíveis. Nem tão devotos da ética de Aristóteles a ponto de achar Ovídio desprezível. Apoie a lógica nos seus conhecimentos do mundo e pratique a retórica na conversa usual; inspire-se na música e na poesia e não tome da matemática e da metafísica mais do que o estômago pode suportar; o que não dá prazer não dá proveito. Em resumo, senhor, estude apenas o que lhe agradar.

Lucêncio: Agradecido, Trânio, aconselhas bem. Ah, se Biondello já tivesse chegado poderíamos estar prontos sem demora. Arranjar uma casa onde ficarmos, local digno de receber os amigos que a permanência em Pádua há de trazer-nos. Mas, espera um pouco; quem será essa gente?

Trânio: Na certa uma delegação para nos receber. (*Entra Batista com as duas filhas, Catarina e Bianca; Grêmio, um pantalão. E Hortênsio, pretendente a Bianca. Lucêncio e Trânio põem-se de lado.*)

Batista: Cavalheiros, não me aborreçam mais, pois sabem como é firme o meu propósito; isto é, não ceder minha filha mais jovem enquanto a mais velha não tiver marido. Se um dos dois gosta de Catarina, porque eu os conheço e os estimo, concedo a permissão de cortejá-la.

Grêmio: Ou esquartejá-la? É grosseira demais para meu gosto; não é você, Hortênsio, quem procura esposa?

Catarina: (*A Batista.*) Eu pergunto, senhor, é seu intuito transformar-me em brinquedo desses pretendentes?

Hortênsio: Pretendentes, mocinha! A pretensão é sua! Não haverá pretendentes enquanto não se torne mais suave e gentil.

Catarina: Lhe garanto, senhor, não precisa ter medo pois não está nem a meio caminho do meu coração. Mas se estivesse, meu cuidado maior seria pentear-lhe a juba com um tridente, pintar a sua cara de outra cor e usá-lo como aquilo que é: um imbecil.

Hortênsio: De um diabo desses, Deus me livre.

Grêmio: E a mim também, meu Deus.

Trânio: (*À parte, para Lucêncio.*) Temos aí, patrão, um belo passatempo; a pequena ou é louca varrida ou a mais assombrosa insolência que já vi na vida.

Lucêncio: (*À parte, para Trânio.*) No silêncio da outra vejo, porém, o comportamento gentil de uma donzela cheia de recato. Silêncio, Trânio!

Trânio: (*À parte, para Lucêncio.*) Muito bem dito, senhor. Hum! É de encher a vista.

Batista: Cavalheiros, para mostrar que pretendo cumprir bem depressa... Bianca, para dentro. E não fique aborrecida com a minha decisão, pois continuo a te amar mais do que nunca, minha filha.

Catarina: Que linda bonequinha! E tão mimada! É só enfiar-lhe um dedo no olho e deixará de ser tão delicada.

Bianca: Alegre-se, irmã, com minha tristeza. Senhor, para lhe agradar me curvo humildemente. Meus livros e instrumentos serão minha companhia; neles aprenderei e tocarei, sozinha.

Lucêncio: (*A Trânio.*) Presta atenção, Trânio! É Minerva quem fala.

Hortênsio: *Signior* Batista, por que comportamento tão estranho? Lamento que nossas boas intenções causem a Bianca esse aborrecimento.

Grêmio: Pretende enjaulá-la, *Signior* Batista, fazendo-a pagar pela língua desse demônio infernal?

Batista: Conformem-se, senhores: estou resolvido – entra, Bianca! (*Sai Bianca.*) E, como eu sei que seus maiores prazeres são a música e a poesia, contratarei professores capazes, para instruir sua juventude. Se tu, Hortênsio – ou o *Signior* Grêmio – conhecem alguns em condições, mandem-no aqui. Sou sempre amigo dos homens de cultura e nada poupo para que minhas filhas recebam boa educação. E com isso, adeus. Você pode ficar, Catarina. Tenho que conversar com tua irmã. (*Sai.*)

Catarina: Ué, e por que não vou embora também eu? Por quê? Como se alguém pudesse me dizer o que devo fazer. Como se eu não soubesse o que devo pegar e o que devo largar. Ora! (*Sai.*)

Grêmio: Vai para junto de tua parceira, a mulher do diabo: tuas qualidades são tão grandes que ninguém te quer. Nosso amor não é tão extraordinário, Hortênsio, que não possamos deixá-lo certo tempo em jejum; nosso bolo solou de ambos os lados. Adeus; contudo, pelo amor que dedico à minha doce Bianca, se eu encontrar por aí um erudito capaz de ensinar-lhe aquilo que aprecia, o enviarei ao pai.

Hortênsio: Eu também, *Signior* Grêmio; porém lhe peço uma palavra a mais. Embora a natureza da nossa rivalidade não nos tenha permitido qualquer entendimento, é fundamental (caso ainda venhamos a ter acesso à nossa bela amada e continuemos rivais no amor de Bianca) que trabalhemos juntos numa coisa.

Grêmio: Que coisa, por favor?

Hortênsio: Ora, senhor, arranjar um marido para a irmã mais velha.

Grêmio: Um marido! Um demônio!

Hortênsio: Um marido, eu digo.

Grêmio: Um demônio, eu repito. Pensas tu, caro Hortênsio, que apesar da fortuna do pai dela, existe alguém tão louco que pretenda casar com o próprio inferno?

Hortênsio: Ah, Grêmio, muito embora exceda a tua paciência – e a minha – suportar sua fúria e gritaria, podes crer que há no mundo bons rapazes (o problema é apenas encontrá-los) que a aceitariam com todos os seus defeitos... e bom dinheiro.

Grêmio: Não sei! por mim, aceitaria o dote, mas em vez de suportá-la preferia ser açoitado todo dia em praça pública.

Hortênsio: Vá lá, realmente, não há o que escolher num saco de batatas podres. Mas, entenda: uma vez que a exigência do pai nos faz amigos, é indispensável mantermos essa amizade até que, encontrando marido para a filha mais velha de Batista, deixamos livre a mais nova e voltamos a ser rivais no seu amor. Doce Bianca! Feliz o homem a quem for destinada! Que o mais ágil de nós alcance o anel. Sua resposta, *Signior* Grêmio?

Grêmio: Concordo em tudo; e ofereço a esse desconhecido o melhor cavalo de Pádua para que a namore, a seduza, se case, durma com ela, mas livre a casa dela! Vamos. (*Saem Grêmio e Hortênsio.*)

Trânio: Eu lhe peço, senhor, que me esclareça – é possível o amor dominar um homem, de repente?

Lucêncio: Oh, Trânio, antes de eu mesmo o sentir nunca pensei que isso fosse provável, nem possível. Mas veja, enquanto eu olhava, curioso, percebi que era amor a própria curiosidade. E agora te confesso francamente, a ti, meu confidente, tão íntimo e querido quanto Ana para a rainha de Cartago, eu te confesso, Trânio, que queimo, desfaleço, eu morro, Trânio, se não tiver o amor dessa donzela, Trânio. Aconselha-me, Trânio, pois sei que tu o sabes, Trânio. Me ampara, Trânio, pois sei que tu o podes, Trânio.

Trânio: Não há mais tempo, senhor, de censurá-lo; pois não se arranca uma paixão com recriminações. Se o amor o dominou, agora só nos resta *redime te captum, quam queas minimo*. Salvá-lo da prisão ao menor preço.

Lucêncio: Obrigado, rapaz; vamos embora. Isso me basta. O resto se arranjará naturalmente, pois teu conselho é sábio.

Trânio: Senhor, olhaste a moça tão intensamente que talvez te escapasse o principal.

Lucêncio: Oh, sim, vi a estranha beleza de seu rosto, igual à da filha de Agenor, que fez o onipotente Júpiter curvar-se humildemente diante dela, beijando o riacho de Creta com os joelhos.

Trânio: Não viu mais nada? Não percebeu que a irmã começou a invectivar, erguendo tamanha tempestade, que o ouvido mortal nem podia suportar o estrondo?

Lucêncio: Trânio, vi apenas a outra movendo os lábios de coral e perfumando o ar com seu alento. Sagrado e doce é tudo que vi nela.

Trânio: Ei, ai, acho que é hora de tirá-lo desse transe. Acorda, senhor, eu te suplico; se amas realmente essa menina deves juntar pensamento e ação pra consegui-la. Estamos neste pé: a irmã mais velha é tão ruim e infernal que, enquanto o pai não se vir livre dela, senhor, tua amada deve permanecer em casa. Por isso o pai fechou-a a sete chaves para que os pretendentes não possam importuná-la.

Lucêncio: Ah, Trânio, é um pai muito cruel! Mas não o ouviste, dizer que deseja professores para a filha?

Trânio: Oh, sim, ouvi, senhor. E já formei meu plano.

Lucêncio: E eu também, rapaz.

Trânio: Aposto, patrão, que os nossos dois projetos são um só.

Lucêncio: Conta primeiro o teu.

Trânio: Serás professor e cuidarás da educação da jovem – não é esse teu plano?

Lucêncio: Exato. Pode ser feito?

Trânio: Impossível. Pois quem faria o teu papel e seria, aqui em Pádua, o filho de Vincêncio? Quem manteria a casa, cuidaria de teus livros; quem estaria lá para receber os conterrâneos, visitá-los e banqueteá-los?

Lucêncio: Para. Fica tranquilo; meu plano está completo. Ninguém ainda nos viu aqui e ninguém poderá distinguir em nossos rostos quem é servo ou senhor. Assim faremos; tu serás o senhor, Trânio, e, no meu posto, terás casa, comida e criados, como eu próprio teria. Eu serei outro homem; um florentino, algum napolitano, um pobre-diabo qualquer vindo de Pisa. Assim foi decidido – assim será. Tira logo essa roupa, pega meu chapéu colorido e minha capa: quando Biondello chegar, deve servir-te: porém é necessário preveni-lo para que saiba refrear a língua (*Trocam de roupa.*)

Trânio: É bom que o faça. Em resumo, senhor, se é do seu gosto, eu lhe obedecerei em tudo, pois, quando partimos, disse o senhor seu pai: "Serve em tudo a meu filho". Embora tenha eu a impressão de que falou noutro sentido, me agrada representar Lucêncio pelo grande amor que a Lucêncio tenho...

Lucêncio: Sejas Lucêncio, Trânio, pelo amor de Lucêncio e permite que eu vire um pobre escravo para conquistar essa mulher, cuja repentina visão, deixou o meu olhar ferido. Aí vem o canalha... (*Entra Biondello.*) Onde é que estiveste, tratante?

Biondello: Onde é que eu estive? Mas ora, ora veja! Onde é que estamos? Meu amo, será que Trânio roubou as suas roupas? Ou o senhor as dele? Ou ambos se roubaram? Que se passou? Me contem.

Lucêncio: Escuta aqui, rapaz, não há tempo para brincadeiras. Deves te adaptar às circunstâncias. Aqui, teu companheiro Trânio tomou meu nome e minhas posses para salvar-me a vida, enquanto eu, para escapar, tomei o que era dele. Matei um homem numa briga, mal saltei em terra; receio que me descubram. Ordeno-te, portanto, que o sirvas como convém, enquanto fujo daqui para salvar a pele: compreendeste?

Biondello: Eu, senhor? Nem uma palavra.

Lucêncio: E nem sombra de Trânio em tua boca: Trânio transformou-se em Lucêncio.

Biondello: Melhor para ele. Isso queria eu.

Trânio: Por minha fé, rapaz, eu também queria, mas, quando Lucêncio tiver nos braços a filha mais nova de Batista. Porém, cretino, não por mim, mas por teu amo, aconselho que sejas discreto quando falares comigo, estejamos onde for. Quando estivermos sós, bem, eu sou Trânio, mas em qualquer lugar público sou o teu patrão, Lucêncio.

Lucêncio: Agora vamos, Trânio: só falta ainda uma coisa a ser feita, por ti – deves te apresentar também como um dos pretendentes e, se me perguntas por quê, bem, basta saber que minhas razões são boas e de peso. (*Saem. Falam as personagens que assistem à representação.*)

1º Criado: Mas, senhor, cabeceias de sono; não prestas atenção no que se representa.

Sly: Presto, como não, por Sant'Ana! Uma história excelente não há dúvida: ainda tem mais?

Pajem: Senhor, apenas começou.

Sly: É um trabalho muito magnífico, madame esposa. Quero ver logo o fim! (*Sentam-se e assistem.*)

Cena II

Mesmo local. Diante da casa de Hortênsio.
(*Entram Petrúquio e Grúmio.*)

Petrúquio: Verona, te abandonei por algum tempo para rever os amigos de Pádua: especialmente o mais amado e mais fiel de todos, Hortênsio. Sua casa é esta aqui, se não me engano. Anda, Grúmio! Bate, rapaz! Estou mandando, bate.

Grúmio: Bater, senhor? Bater em quem? Alguém ofendeu V. Senhoria?

Petrúquio: Ah, vilão, faz o que eu digo, e bate-me aqui com toda força.

Grúmio: Bater-lhe aqui, senhor? Por quê, senhor? Mas quem sou eu para bater-lhe?

Petrúquio: Vilão, ordeno que me batas nessa porta e com toda a força que tiveres, ou baterei eu os teus miolos pra fora dessa cabeça de velhaco.

Grúmio: Meu amo está querendo brigar mesmo. Mas se eu bato o senhor contra essa porta, já sei quem sairá com a pior parte.

Petrúquio: Então não bates? Pois bem, patife, já que não queres bater, farei eu soar os tímpanos... dos teus ouvidos. Quero ouvir se eles tocam o dó-ré-mi. (*Torce-lhe as orelhas.*)

Grúmio: Socorro, senhores, socorro! Meu amo enlouqueceu!

Petrúquio: Poltrão, patife, agora baterás quando eu mandar. (*Entra Hortênsio.*)

Hortênsio: O que é que há? Que aconteceu? Meu velho amigo Grúmio! E meu grande amigo Petrúquio! Como vão todos em Verona?

Petrúquio: Se vens terminar a nossa briga, caro amigo, *con tutto il cuore ben trovato,* é o que lhe digo.

Hortênsio: *Alla nostra casa ben venuto molto honorato signior mio Petruchio.* Levanta, Grúmio, levanta: a briga já acabou.

Grúmio: (*Levantando-se.*) Afirmo-lhe, senhor, que o que ele diz em latim não me interessa a não ser que seja uma forma legal de me dispensar do serviço. Veja o senhor, ordenou-me que eu lhe batesse com toda a minha força; ora, deve um criado espancar o patrão, um homem de mais de trinta anos? Oxalá, meu Deus, tivesse eu batido mesmo: o resultado talvez fosse melhor.

Petrúquio: Patife e estúpido! Caro Hortênsio, ordenei a este canalha que me batesse à sua porta e não consegui fazer com que obedecesse!

Grúmio: Bater na porta! Oh, céus! Mas eu o ouvi dizer bem claramente – "Bate-me aqui, vilão", "Me bate nessa porta", "Me bate com toda a força que tiveres". E agora o senhor me vem com esse "bater na porta"?

Petrúquio: Vai embora daqui, rapaz, ou cala a boca.

Hortênsio: Paciência, Petrúquio: eu lhe peço, por Grúmio: é uma discussão lamentável entre você e esse criado antigo, fiel e divertido! E agora me diga, bom amigo, que bons ventos o sopraram da velha Verona até aqui, em Pádua!?

Petrúquio: O vento que espalha os jovens pelo mundo em busca de fortuna fora da própria terra, onde não há mais o que aprender. Em resumo, velho Hortênsio, eis o que há comigo: Antônio, meu pai, acaba de morrer. Atirei-me, então, em meio ao caos, decidido a casar do melhor modo e prosperar o mais possível. Tenho dinheiro na bolsa e bens na pátria. Resolvi viajar e ver o mundo.

Hortênsio: Então, Petrúquio, devo eu, sem rodeios, aconselhar-te uma mulher grosseira e detestável? Sei que não parece um conselho aconselhável; garanto porém que ela é rica, e muito rica: mas qual, és muito amigo meu para que eu queira apresentar-te a ela.

Petrúquio: *Signior* Hortênsio, entre amigos, como nós, poucas palavras bastam. Assim, se conhece uma mulher bastante rica para ser esposa de Petrúquio, como a riqueza deve ser a chave de ouro do meu soneto matrimonial, essa mulher pode ser tão feia quanto a amada de Florêncio, tão velha ou mais velha que a Sibila, tão abominável e feroz quanto Xantipa, companheira de Sócrates, que não me moverá do meu intento e nem removerá minha afeição, mesmo que seja tão perigosa quanto o Adriático. Vim arranjar em Pádua um casamento rico: se o casamento é rico, estou feliz em Pádua.

Grúmio: Veja, senhor, que ele lhe diz francamente o que tem na cabeça: dê-lhe ouro bastante que ele se casa com um espantalho, uma réstia de cebola ou uma velha de um dente só, mesmo que tenha as cinquenta e duas doenças do cavalo. Nada disso lhe importa, se vier com dinheiro.

Hortênsio: Bem, Petrúquio, uma vez que chegamos tão longe, continuo o que era, de início, apenas brincadeira. Posso ajudar-te a conseguir uma mulher bastante rica, jovem e bem bonita. Educada como convém a uma dama. Seu único defeito – e é defeito demais – é ser brusca, teimosa e violenta. Isso a tal ponto que, fosse minha situação inda muito pior, não me casaria com ela nem por uma mina de ouro.

Petrúquio: Já chega, Hortênsio! Tu não conheces o poder do ouro. Diz-me o nome do pai, isso me basta. Eu a dominarei, inda que berre mais alto que o trovão ribombando pelos céus de outono.

Hortênsio: Seu pai é Batista Minola, cavalheiro gentil e educado. Ela se chama Catarina Minola, famosa, em Pádua, por sua língua viperina.

Petrúquio: Eu conheço o pai dela, embora não a conheça. Ele se dava bem com meu defunto pai. Não dormirei, Hortênsio, antes de vê-la. Assim, perdoa-me a ousadia de abandonar-te aqui neste primeiro encontro. A menos que me acompanhes até lá.

Grúmio: Eu lhe peço, senhor, deixe-o partir quando quiser. Palavra de honra que, se ela o conhecesse como eu, saberia que com ele de nada valem insultos. Pode chamá-lo de canalha vinte vezes que pouco se lhe dá; quando ele começa não para antes do fim. E garanto, senhor, que se ela resistir um só momento ele lhe marcará o rosto de tal modo que ficará mais cega do que um gato cego. Ah, o senhor não o conhece.

Hortênsio: Espera Petrúquio, eu vou contigo, pois meu tesouro está sob a guarda de Batista: ele tem em custódia a flor de minha vida, sua filha mais jovem, a bela Bianca. E a esconde de mim, assim como de outros que a cortejam, rivais do meu amor. Por achar impossível, em vista dos defeitos há pouco enumerados, arranjar pretendente à mão de Catarina, Batista decidiu que ninguém se aproxime de Bianca antes que a megera arranje um esposo.

Grúmio: Catarina, a megera! Belo apelido para uma donzela.

Hortênsio: Faz-me agora um favor, caro Petrúquio: o de apresentar-me, vestido em roupas bem solenes, ao velho Batista, como sendo um competente professor de música para instruir Bianca; dessa maneira eu tenho, pelo menos, vagar e liberdade de namorá-la sem que alguém suspeite.

Grúmio: E sem qualquer maldade! Vejam como se aliam os jovens pra enganar os velhos! (*Entram Grêmio e Lucêncio, disfarçados.*) Patrão, patrão. Olha, ali! Quem vai lá, hã?

Hortênsio: Silêncio, Grúmio, aquele é meu rival, Petrúquio, para o lado, um instante!

Grúmio: Um rapagão bonito e apaixonado! (*Põem-se todos de lado.*)

Grêmio: Pois muito bem. Verifiquei a lista. Preste atenção, senhor: mandarei encaderná-los ricamente. Livros de amor, apenas; e procure não ler qualquer outro assunto para ela. Compreende? Além e acima da generosidade de *Signior* Batista, eu lhe darei a minha recompensa. Pegue também os meus papéis e traga-os sempre perfumados, pois aquela a quem são destinados é mais suave do que o próprio perfume. Que pensa ler?

Lucêncio: Seja o que for que eu leia será em seu favor, senhor, esteja certo. Usarei da firmeza que usaria estando em meu lugar. Sim, e talvez até use palavras mais propícias, salvo se fosses, meu senhor, um sábio.

Grêmio: Oh, o saber! Que belo é!

Grúmio: Oh, o paspalhão. Que burro é!

Petrúquio: Silêncio, ô imbecil!

Hortênsio: Cala a boca, Grúmio. (*Faz-se ver.*) Deus esteja consigo, *Signior* Grêmio.

Grêmio: E que oportuno o encontrá-lo, *Signior* Hortênsio. Sabe aonde vou? À casa de Batista Minola. Prometi-lhe escolher com o máximo cuidado um professor para a belíssima Bianca: e, por feliz casualidade, conheci este jovem, cuja instrução e comportamento são ideais para a missão; competente em poesia e outros livros: só os bons, convém frisar.

Hortênsio: Excelente. Por acaso encontrei também um cavalheiro que ficou de me arranjar um esplêndido professor de música para instruir nossa amada. Assim não ficarei atrás no meu dever para com a bela Bianca, a quem tanto amo.

Grêmio: Não tanto quanto eu – hei de provar com atos.

Grúmio: (*À parte*) Há de provar com sacos de dinheiro.

Hortênsio: Grêmio, agora não é hora de discutirmos sobre nosso amor. Preste atenção, pois vou dar-lhe notícia igualmente boa pra nós dois. Está aqui um cavalheiro que encontrei por acaso e que concorda em cortejar a feroz Catarina. Sim, e até casar com ela, se o dote for satisfatório.

Grêmio: Pois, do dito ao feito e muito bem: mas lhe falaste, Hortênsio, de todos os defeitos dela?

Petrúquio: Sei que é brigona, grosseira e impertinente: se é só isso, senhores, não vejo mal algum.

Grêmio: Nenhum! amigo? Qual é a sua terra?

Petrúquio: Nasci em Verona, filho do velho Antônio. Meu pai é morto mas seu dinheiro é vivo e espero ver dias longos e felizes.

Grêmio: Oh, senhor, tal vida com tal mulher seria estranho! Porém, se tem um bom estômago, para a frente, em nome de Deus, que eu ajudarei em tudo que puder. Mas é verdade mesmo que pretende cortejar esse gato-do-mato?

Petrúquio: Quero viver?

Grúmio: Se pretende cortejá-la? Se não, eu me enforco!

Petrúquio: Mas eu não vim cá com essa intenção? Pensam que qualquer barulhinho me ensurdece? Já não ouvi nesta vida o rugir dos leões? Já não ouvi o mar, batido pelos ventos, rosnar como um javali enfurecido empapado de suor? Já não ouvi o canhão nos campos de batalha e a artilharia do céu arrebentar em raios sobre a terra? Nunca escutei, no meio de um combate, os gritos de alarme, o nitrir dos cavalos, trombetas ecoarem? E você me vem falar de uma língua de mulher que não faz no ouvido a metade do ruído de uma castanha estalando num fogão do campo: ora! ora! fantasma é pra criança!

Grúmio: Não tem medo de nada.

Grêmio: Escuta, Hortênsio, tenho o pressentimento de que esse senhor chegou em boa hora; para seu próprio bem e para o nosso.

Hortênsio: Prometi-lhe que ajudaríamos em todos os gastos que tiver, sejam quais forem.

Grêmio: E faremos assim – contanto que a conquiste.

Grúmio: Ah, se um gostoso jantar fosse tão certo. (*Entram Trânio, muito bem-vestido, e Biondello.*)

Trânio: Deus esteja convosco, cavalheiros! Poderiam informar-me, se não é muita ousadia perguntar, qual o caminho mais rápido para a casa do *Signior* Batista Minola?

Grêmio: Um que tem duas filhas bem bonitas? É desse que fala?

Trânio: Ele mesmo! Biondello...

Grêmio: Um instante, senhor. Não está se referindo à filha mais...

Trânio: Talvez. Talvez a ele e a ela, senhor: que lhe importa?

Petrúquio: Espero ao menos que não se refira à brigona...

Trânio: Não gosto de brigonas, senhor. Biondello, vamos.

Lucêncio: (*À parte.*) Bom começo, Trânio.

Hortênsio: Senhor, uma palavra só, antes que parta; é pretendente à mão da jovem de que fala, sim ou não?

Trânio: E se for, caro senhor, ofendo alguém?

Grêmio: Não, se sair daqui imediatamente, sem dizer mais uma palavra.

Trânio: Por que, cavalheiro? As ruas, por acaso, são menos livres para mim do que para o senhor?

Grêmio: As ruas, não, mas a jovem.

Trânio: Por que razão, se mal pergunto?

Grêmio: Se quer mesmo sabê-lo, pela simples razão de ser a eleita do coração do *Signior* Grêmio.

Hortênsio: A preferida do *Signior* Hortênsio.

Trânio: Devagar, meus senhores. Se são cavalheiros, escutem com paciência e façam-me justiça. Batista é um nobre fidalgo de quem meu pai não é desconhecido; e fosse a filha dele mais bela do que é, com mais adoradores, eu, ainda assim, também seria um deles. A filha da formosa Leda teve mil pretendentes; bem pode ter mais um a formosa Bianca. E assim será: Lucêncio será seu pretendente mesmo que o próprio Páris surja como rival.

Grêmio: Como! No jogo das palavras esse senhor vai nos vencer a todos!

Lucêncio: É dar-lhe rédea: na certa não tem fôlego.

Petrúquio: Hortênsio, qual é o fim de tanto palavrório?

Hortênsio: Cavalheiro, permita-me a audácia da pergunta: já viu alguma vez a filha de Batista?

Trânio: Não, senhor, mas ouvi falar que tem duas: uma famosa pela língua envenenada, a outra, pela modéstia e formosura.

Petrúquio: Senhor, senhor. A primeira é a minha. Deixe-a em paz.

Grêmio: Sim, entreguem esse trabalho ao forte Hércules, pois é ainda maior que os outros doze.

Petrúquio: Amigo, já lhe conto o que há, em confidência: a tal filha mais jovem, pela qual tanto anseia, o pai a mantém afastada do acesso de qualquer pretendente. E não a cederá a nenhum jovem sem antes casar a outra filha. Só então a mais jovem será livre: nunca antes disso.

Trânio: Se assim é, senhor, e se pretende ajudar-nos a todos – e estou entre os demais – se conseguir romper o gelo e realizar a proeza de dominar a mais velha, deixando a mais jovem livre ao nosso acesso, o que a conquistar não será tão sovina que se mostre ingrato.

Hortênsio: Muito bem dito, senhor, e tão bem pensado. E já que afirma ser um pretendente, deve recompensar também o nobre cavalheiro a quem todos ficamos devedores.

Trânio: Não sou um miserável, senhores; e, como prova, convido-os a passar a tarde juntos, bebendo à saúde de nossa bela amada, como fazem os defensores da lei nos tribunais: brigam e disputam em público, mas comem e bebem como amigos.

Grúmio e Biondello: Excelente proposta. Amigos, vamos!

Hortênsio: A proposta é excelente, na verdade; vamos a ela, Petrúquio, serei teu *ben venuto*. (*Saem.*)

FIM DO PRIMEIRO ATO

ATO II

Cena I

Pádua: aposento em casa de Batista.
(*Entram Catarina e Bianca.*)

Bianca: Querida irmã, não me tortures fazendo-me de criada e de escrava. Isso me humilha. Quanto aos enfeites, porém, solta minhas mãos que eu mesma os tirarei, sim, minhas roupas todas, até a anágua. Isto, e tudo mais que ordenares, pois sei bem meus deveres para com os mais velhos.

Catarina: Pois ordeno que me digas; de todos os teus pretendentes, qual é o teu preferido? E não me venhas com fingimentos.

Bianca: Acredita-me, irmã, de todos os homens deste mundo ainda não conheci um, cujo rosto eu preferisse ao rosto de outro homem.

Catarina: Mentirosa engraçadinha: não é Hortênsio?

Bianca: Se gostas dele, irmã, eu juro interceder e fazer tudo para que o conquistes.

Catarina: Ah, talvez então prefiras um rico. Quem sabe Grêmio, que te conservará em ouro?

Bianca: É ele que te causa inveja? Ah, não, percebo que tu zombas: e tens zombado de mim o tempo todo. Por favor, irmã Cata, solta minhas mãos.

Catarina: Se isto é zombaria, tudo o mais também. (*Bate nela. Entra Batista.*)

Batista: Hei, que é isso, que insolência é essa? De onde vem essa fúria? Afasta-te, Bianca – pobrezinha! Está chorando. Vai buscar tua agulha e sai de perto dela. Não te envergonhas, espírito maligno, de maltratar essa que nunca te ofendeu e jamais cruzou contigo uma só palavra descortês?

Catarina: Porém me insulta com o seu silêncio. E vou vingar-me. (*Corre atrás dela.*)

Batista: (*Segurando-a.*) Como? na minha frente! Entra Bianca! (*Sai Bianca.*)

Catarina: Está claro; percebo que não me suporta. Agora sei: ela é o seu tesouro e deve ter logo um marido. No dia em que ela casar, devo dançar descalça e, porque o senhor a idolatra tanto, eu ficarei para esposa do demônio[5]. Não me fale mais. Vou me fechar, chorando, até chegar a hora da vingança. (*Sai.*)

Batista: Houve jamais um homem tão amargurado? Mas, quem vem lá? (*Entram Grêmio, com Lucêncio vestido como um homem comum; Petrúquio, com Hortênsio, como um músico; e Trânio, com Biondello trazendo um alaúde e livros.*)

Grêmio: Bom dia, vizinho Batista.

Batista: Bom dia, vizinho Grêmio. Deus os guarde a todos, cavalheiros.

Petrúquio: E ao senhor, meu senhor. Desculpe, mas não tem uma filha bela e virtuosa chamada Catarina?

Batista: Tenho uma filha chamada Catarina.

Grêmio: Você está muito rápido: vá por etapas.

Petrúquio: Está me atrapalhando, *Signior* Grêmio; com licença. Sou um cavalheiro de Verona, senhor; ouvindo falar da beleza e da inteligência de sua filha, afabilidade e doçura de maneiras, suas qualidades maravilhosas de modéstia e recato, apressei-me em vir a esta casa, hóspede ousado, para que meus olhos fossem testemunhas do que ouvi tantas vezes. E como penhor para que me receba, apresento-lhe um dos meus servidores (*apresenta Hortênsio.*), versado em música e matemática, que instruirá sua filha nessas ciências, das quais sei que ela pouco ignora. Aceite-o, que senão me ofendo. Seu nome é Lício, natural de Mântua.

Batista: Seja bem-vindo, amigo, e ele em seu nome. Mas, quanto a minha filha Catarina – sei o que digo, não é para o seu gosto, por mais que eu sinta.

Petrúquio: Vejo que não pretende casar sua filha ou, então, não lhe convém a minha companhia.

Batista: Não interprete mal as minhas palavras; falo o que sinto. De onde é que vem, senhor? E com que nome devo eu chamá-lo?

Petrúquio: Petrúquio é o meu nome. Filho de Antônio, homem bem conhecido em toda a Itália.

Batista: Eu o conheço muito; seja bem-vindo pois, em sua honra.

Grêmio: Por favor, Petrúquio, encurta tua história, que nós, pobres pretendentes também queremos falar. Mais lento, amigo. Vais com pressa incrível.

Petrúquio: Oh, perdão, *Signior* Grêmio: queria acabar logo!

Grêmio: Não o duvido, senhor; mas ainda há de amaldiçoar o que corteja. Vizinho, o presente dele será muito útil, estou bem certo. É querendo expressar igual estima que lhe trago este jovem erudito (*apresenta Lucêncio*) que estudou em Reims por muito tempo e é tão versado em grego, latim e outras línguas, quanto aquele, na música e matemática: seu nome é Câmbio, e eu lhe peço que aceite seus serviços.

Batista: Mil agradecimentos, *Signior* Grêmio. Seja bem-vindo, gentil Câmbio. Mas, nobre senhor, (*a Trânio*) sua aparência é de estrangeiro. Se não é ousadia, poderia perguntar-lhe por que se encontra aqui?

Trânio: Perdão, senhor, mas a ousadia é minha, pois sendo um estranho na cidade, vim me pôr entre os que almejam a mão de Bianca. Não desconheço também o seu propósito de primeiro casar a irmã mais velha. Só lhe peço, porém, a liberdade de, uma vez conhecida minha linhagem, me receber como um dos pretendentes, com o mesmo acolhimento e liberdade dos outros: e quanto à educação de sua filha ofereço este instrumento simples e este humilde pacote de livros gregos e latinos. Se os aceitar, senhor aumenta o valor deles. Lucêncio é o meu nome.

Batista: De onde, por favor?

Trânio: De Pisa, senhor, filho de Vincêncio.

Batista: Um homem poderoso: conheço bem sua reputação; seja muito bem-vindo, senhor. Você aí, pegue o alaúde (*a Hortêncio*) e você, os livros (*a Lucêncio*). Verão suas alunas imediatamente. Olá, alguém de dentro! (*Entra um criado.*) Rapaz, conduz estes senhores aonde estão minhas filhas e diz a ambas que eles serão seus professores; devem ser bem tratados. (*Sai criado com Hortênsio, Lucêncio e Biondello.*) Vamos agora passear um pouco no jardim e depois, jantar. São todos bem-vindos aqui e bem-vindos desejo que se sintam.

Petrúquio: *Signior* Batista, meu negócio me toma o tempo todo e não posso vir diariamente aqui, fazer a corte a sua filha. O senhor conheceu bem meu pai e, por conhecer meu pai, conhece a mim, herdeiro de todos os seus bens e terras, heranças que não esbanjei, antes ampliei. Diga-me então; se eu conseguir o amor de Catarina, que dote receberei quando casar com ela?

Batista: Quando eu morrer, metade destas terras e, no momento, vinte mil coroas.

Petrúquio: Bem. E em troca eu asseguro que, se ela enviuvar, sobrevivendo a mim, ficará com todas as minhas terras e mais arrendamentos. Redigiremos, pois, um contrato, a fim de que esta combinação fique garantida para ambas as partes.

Batista: Sim, quando for conseguida a coisa principal, ou seja, o amor de minha filha: pois isso é, afinal, o tudo do total.

Petrúquio: Ora, isto não é nada. Eu lhe garanto, pai; sou tão peremptório quanto ela é orgulhosa; e quando dois fogos violentos se defrontam, consomem logo tudo que lhes alimenta a fúria. Embora um fogo fraco se atice e aumente com um vento fraco, os vendavais maiores destroem o fogo e tudo. Sou vendaval e ela que se curve. Sou homem rude; não cortejo ninguém como criança.

Batista: Que sejas triunfante em tua corte, feliz em tua pressa. Mas fica armado para algumas palavras mais pesadas.

Petrúquio: Então, à prova; sou como a montanha em frente aos ventos, sem tremer jamais; embora eles soprem eternamente. (*Entra Hortênsio com a cabeça quebrada.*)

Batista: Que aconteceu, amigo? Por que estás tão pálido?

Hortênsio: Se estou pálido, senhor, só pode ser de medo.

Batista: Por que? Minha filha não tem vocação musical?

Hortênsio: Tem mais vocação para soldado. Uma espada poderá servir-lhe, jamais um alaúde.

Batista: Como, não conseguiste dobrá-la à celeste harmonia do alaúde?

Hortênsio: Consegui apenas, senhor, que ela dobrasse em mim o instrumento. Eu lhe disse somente que ela errava ao dedilhar os bordões e segurei-lhe a mão para ensinar a posição correta. Mas ela, com aquele seu espírito diabólico e impaciente, me gritou: "Ah, você chama isso de bordões? Pois vou esbordoá-lo.". E assim dizendo me acertou na cabeça com tal força que meu corpo passou pelo instrumento. E lá fiquei eu, um instante apalermado, como num pelourinho, olhando através das cordas do alaúde, enquanto ela me chamava de rabequista porco, professor de burros e outras expressões menos gentis.

Petrúquio: Mas não me conte: é a graça em pessoa! Amo-a dez vezes mais do que amava. Oh, como anseio vê-la e conversar com ela.

Batista: Venha comigo e não fique assim desconsolado; continuará a ensinar minha filha mais moça, que gosta de aprender e é muito agradecida. *Signior* Petrúquio, o senhor vem conosco ou prefere que eu mande aqui minha filha Cata?

Petrúquio: Mande-a aqui, por favor, eu a espero. (*Saem Batista, Grêmio, Trânio e Hortênsio.*) Vou lhe fazer a corte com algumas ironias. Se me insultar, bem, eu lhe direi que canta tão suavemente quanto o rouxinol. Se fizer cara feia, aí direi que seu olhar tem o frescor e a limpidez das rosas matinais banhadas pelo orvalho. Que fique muda, sem pronunciar sequer uma palavra: louvarei sua maneira jovial, frisando que tem uma eloquência admirável. Que me mande ir embora: e lhe agradecerei como se me pedisse para ficar a seu lado uma semana. E se se recusa a casar, fingirei ansiar pelo dia das bodas. Mas, lá vem ela. Agora, Petrúquio, fala! (*Entra Catarina.*) Bom dia, Cata, pois ouvi dizer que assim a chamam.[6]

Catarina: Pois ouviu muito bem pra quem é meio surdo: os que podem me chamar, me chamam Catarina.

Petrúquio: Tu mentes, Catarina; pois te chamam simplesmente Cata. Cata, a formosa e, algumas vezes, a megera Cata. Mas Cata, a mais bela Cata de toda a Cristandade. Cata esse cata-vento, minha recatada Cata, a quem tantos catam, ah, portanto, por isso Cata, meu consolo, ouvindo cantar tua meiguice em todas as cidades, falar de tuas virtudes, louvar tua beleza, me senti movido a vir aqui pedir-te em casamento.

Catarina: Movido? Em boa hora! Pois quem o moveu até aqui que daqui o remova. Assim que o vi percebi imediatamente que se tratava de um móvel.

Petrúquio: Como, um móvel?

Catarina: Um móvel. Um banco.

Petrúquio: Você percebeu bem; pois vem e senta em mim.

Catarina: Os burros foram feitos para a carga. Como você.

Petrúquio: Para carregar-nos, muito antes de nascer, foram feitas as mulheres.

Catarina: Mas não a animais, quer me parecer.

Petrúquio: Ai, Cata gentil. Não pesarei quando estiver em cima de ti... pois és tão jovem e tão leve...

Catarina: Leve demais para ser carregada por um grosseirão como você, e, no entanto pesada, por ter de ouvi-lo e vê-lo.

Petrúquio: Não maltrate aquele que a corteja.

Catarina: Corteja ou corveja?

Petrúquio: Oh, pombinha delicada, um corvo te agradaria?

Catarina: É melhor que um abutre!

Petrúquio: Vejo-a agora irritada demais; a pombinha virou vespa.

Catarina: Se virei, cuidado com o meu ferrão.

Petrúquio: Só me resta um remédio – arrancá-lo.

Catarina: Sim, se o imbecil soubesse onde ele é.

Petrúquio: Mas quem não sabe onde é o ferrão da vespa? No rabo.

Catarina: Na língua.

Petrúquio: De quem?

Catarina: Na sua, que fala de maneira tão grosseira! E agora, adeus.

Petrúquio: Assim, com a minha língua no rabo? Não, volta aqui, boa Cata: eu sou um cavalheiro.

Catarina: Vou verificar. (*Esbofeteia-o.*)

Petrúquio: Volte a fazê-lo e juro que a estraçalho.

Catarina: Com que armas? As de cavalheiro? Se me bater não será cavalheiro e, não sendo cavalheiro, não terás armas.

Petrúquio: Ah, entendes de heráldica? Põe-me, então, no teu brasão, que estou em brasas.

Catarina: Qual é o seu emblema? Uma crista de galo?

Petrúquio: Um galinho sem crista, se queres ser minha franga.

Catarina: Galo sem crista não é galo pra mim.

Petrúquio: Vamos, Cata, vamos: não sejas tão azeda.

Catarina: É como eu fico quando vejo um rato.

Petrúquio: Não há ratos aqui; portanto não se azede.

Catarina: Há sim, há sim.

Petrúquio: Mostre-me então.

Catarina: Se tivesse um espelho mostraria.

Petrúquio: Como? O rato, então, sou eu?

Catarina: Que perspicácia em rapaz tão jovem.

Petrúquio: Jovem mesmo, por São Jorge. Sobretudo em relação a você.

Catarina: E no entanto todo encarquilhado.

Petrúquio: São as penas do amor.

Catarina: Não me dê pena.

Petrúquio: Agora, ouve aqui, Cata; juro que não me escapas assim.

Catarina: Se eu ficar é só para irritá-lo: largue-me!

Petrúquio: Não, tu não me irritas. Acho que és a própria flor da gentileza. Tinham-me dito que eras brusca, áspera, grosseira e descubro que me informaram toda uma mentira, pois és deliciosa, divertida, a flor da cortesia. Um pouco lenta no falar, mas com a beleza do despontar da primavera. Não amarras a cara, não olhas contrafeita, nem mordes os lábios como usam fazer as moças geniosas. Não tens nenhum prazer em dizer palavras ofensivas, recebendo, ao contrário, teus enamorados com distinção e amabilidades. Por que essa gente afirma que Cata é manca de uma perna? Oh, mundo vil. Cata é esbelta e reta como uma aveleira, tem na pele o moreno azulado da avelã e possui o estranho gosto dessa amêndoa. Anda, para que eu aprecie o teu andar: tu não claudicas.

Catarina: Vá mandar nos teus criados, imbecil.

Petrúquio: Terá Diana jamais ornado um bosque com o principesco encanto com que Cata adorna este aposento? Ah, Cata, seja você Diana e deixe que ela seja Cata. Que essa Cata seja casta então, enquanto for amorosa esta Diana...

Catarina: Onde é que você aprendeu esses discursos?

Petrúquio: São de improviso. Herdei de minha mãe essa virtude.

Catarina: Mãe espirituosa demais para um filho tão sem graça.

Petrúquio: Então não tenho espírito?

Catarina: É, porém, um pouco frio.

Petrúquio: É por isso que pretendo aquecer-me em teu leito: e agora, pondo de lado tudo o que dissemos, vou falar claro: teu pai já consentiu em que cases comigo. Já concordamos com respeito ao dote. E queiras ou não queiras, vou me casar contigo. Olha, Cata, sou o marido que te convém, pois, por esta luz que me permite contemplar tua beleza, essa beleza que me faz te amar com tal profundidade – tu não deves casar com nenhum outro. Eu sou aquele que nasceu para domar-te e transformar a Cata selvagem numa gata mansa. Mas, aí vem teu pai: não recuses nada, pois eu quero e terei Catarina como esposa. (*Entram Batista, Grêmio e Trânio.*)

Batista: Então, *Signior* Petrúquio, fez algum progresso com minha filha?

Petrúquio: E poderia ser de outra maneira? Vai tudo bem, vai tudo bem!

Batista: E você, filhinha, sempre zangada?

Catarina: E o senhor vem me chamar filhinha? Pois mostra um estranho zelo paternal querendo que eu me case com esse doido e meio; um rufião lunático que procura se impor com pragas e ameaças.

Petrúquio: O que acontece é isto, caro pai: o senhor e todos que falam de Catarina não a compreenderam. Ela é violenta apenas por política, pois seu temperamento nada tem de insolente. Ao contrário, é manso como o de uma pomba. Não é afogueada, mas fresca como a aurora. Quanto à paciência, dir-se-ia uma nova Griselda, e uma Lucrécia, a Romana, em castidade. Em resumo, combinamos tanto que o casamento está marcado para domingo que vem.

Catarina: O que eu gostaria, no domingo que vem, era de te ver na forca!

Grêmio: Que é isso, Petrúquio? Ela diz que quer te ver na forca!

Trânio: Foi assim que você a conquistou? Boa noite para o nosso acordo.

Petrúquio: Paciência, amigos; fui para mim que a escolhi. Se ela e eu estamos satisfeitos, que lhes importa a maneira como nos tratamos? Combinamos, quando estávamos sós, que, em público, ela continuaria a se portar como sempre. Afirmo-lhes que é impossível acreditar o quanto ela me adora: oh, que encanto é Catarina! Pendurou-se em meu pescoço e respondia, beijo a beijo e jura a jura, com tão sincero afeto que, num piscar de olhos, ganhou o meu amor. Ah, vocês são novatos! É espantoso ver, quando um homem e uma mulher ficam sozinhos, como, às vezes, um maricotas de última classe consegue dominar a mais terrível megera! Dá-me tua mão, Cata; parto para Veneza onde vou comprar o necessário às bodas. Prepare a festa, pai, e avise os convidados. Farei com que esteja um encanto a minha Catarina!

Batista: Não sei o que dizer: mas deem-me as mãos. Deus lhe mande alegria, Petrúquio! Estamos combinados.

Grêmio e Trânio: Nós dizemos amém como testemunhas.

Petrúquio: Pai, esposa, cavalheiros, adeus; vou para Veneza. O domingo chega logo. Comprarei anéis, broches e outras coisas. Um beijo, Catarina; domingo nos casaremos. (*Saem Petrúquio e Catarina, um para cada lado.*)

Grêmio: Houve, jamais, um casamento combinado com tanta rapidez?

Batista: Palavra, cavalheiros; faço agora o papel do mercador que se aventura em negócio desesperador.

Trânio: Era uma mercadoria que se estragava abandonada; agora ou traz lucro ou perde-se nos mares.

Batista: O lucro que procuro é a paz desse casal.

Grêmio: Não há dúvida de que ele a conquistou sem estardalhaço. Mas agora, Batista, falemos de sua filha menor. Hoje é o dia por que esperamos tanto: sou vizinho seu e o primeiro entre todos os pretendentes.

Trânio: E eu sou aquele que ama Bianca mais do que podem exprimir simples palavras.

Grêmio: Rapazinho, não podes amar da maneira intensa com que eu amo.

Trânio: Vovozinho, o teu amor congela.

Grêmio: E o teu derrete. Para trás, doidivanas: o que fecunda é a idade.

Trânio: Mas para o olhar das mulheres o que faz florescer é a juventude.

Batista: Contenham-se, cavalheiros, eu decido a questão. O que importa são os atos; aquele dos dois que garantir dote maior, terá o amor de Bianca. Diga, *Signior* Grêmio, que tem a oferecer?

Grêmio: Primeiro, como sabe, minha casa na cidade é ricamente guarnecida de pratas e de ouro: jarros e bacias onde ela poderá lavar as mãos tão delicadas. Meus gobelinos são todos de tapeceiros tírios; em cofres de marfim atulham-se as coroas: nas arcas de carvalho, colchas e cortinados, docéis, vestes custosas, linhos finíssimos, almofadas turcas com brocados de pérolas, damascos de Veneza, todos feitos a mão em fio de ouro: estanhos, cobres e todas as coisas necessárias à vida de uma casa; depois, na minha propriedade de campo, tenho ainda cem vacas leiteiras das melhores, cento e vinte bois engordados no estábulo e tudo o mais em proporção igual. Sou entrado em anos, reconheço e, se morro amanhã, tudo isso é dela, se, enquanto eu viver, ela consente em ser somente minha.

TRÂNIO: Esse somente veio bem a tempo. Senhor, peço atenção. Sou filho e herdeiro único de meu pai. Se me der sua filha como esposa, deixarei para ela, dentro dos muros de Pisa, três ou quatro casas tão boas quanto a que o velho *Signior* Grêmio tem em Pádua. Além disso, dois mil ducados anuais provenientes de terras de cultura. Tudo será propriedade dela. Como? Deixei-o atrapalhado, *Signior* Grêmio?

GRÊMIO: Dois mil ducados anuais é o que rendem suas terras? O valor total de minhas terras mal chega a isso. Mas serão dela: além de uma galera que se encontra agora no rumo de Marselha. Não diga que o engasguei com essa galera!

TRÂNIO: Grêmio, todos sabem que meu pai possui nada menos que três grandes galeras; possui ainda dois galeões e doze embarcações menores; é o que, desde já, fica prometido a Bianca e mais o dobro de tudo que você pensar em oferecer.

GRÊMIO: Chega; já ofereci tudo, nada mais possuo: ela não poderá ter mais do que tudo que tenho; se o senhor me aceitar, ela receberá a mim e o que é meu.

TRÂNIO: Então, se é assim, se está de pé sua proposta, a jovem é minha: Grêmio, confesse estar vencido.

BATISTA: Devo admitir que a sua oferta é melhor. Se seu pai confirmar essa proposta, Bianca será sua.

Contudo, me perdoe: no caso de você morrer antes do velho, em que fica o tal dote?

Trânio: Isso é só uma hipótese: ele é velho, eu moço.

Grêmio: E os moços não morrem, só os velhos?

Batista: Bem, cavalheiros, eis minha resolução; como ouviram, minha filha Catarina casa-se no domingo que vem: assim, no domingo seguinte, Bianca será a sua noiva, se você me trouxer uma garantia. Se não, será do Signior Grêmio. E assim, senhores, eu me despeço, agradecido a ambos.

Grêmio: Adeus, bom vizinho. (*Sai Batista.*) Não pense que eu o temo, meu mocinho presunçoso. Seu pai seria um tolo se, na sua idade lhe entregasse tudo e passasse a comer suas migalhas. Qual, uma piada! Uma velha raposa italiana não tem tanta bondade, meu garoto. (*Sai.*)

Trânio: Maldição sobre tua velha pele engelhada. Mas eu te enfrentarei com um belo trunfo. Minha obrigação é servir a meu senhor o melhor que puder. Assim, não vejo razão para que um falso Lucêncio não tenha um pai Vincêncio também falso. E aí está o espantoso: são os pais, normalmente, que geram e criam os filhos, mas, neste caso de amor, se não me falha o engenho, o filho dará à luz um pai. (*Sai.*)

FIM DO SEGUNDO ATO

ATO III

Cena I

Pádua. Aposento em casa de Batista.
(*Entram Lucêncio, Hortênsio e Bianca.*)

Lucêncio: Para com esse instrumento; que impertinência! Já esqueceu a maneira como Catarina o recebeu?

Hortênsio: Seu brigão e pretensioso, esta é a padroeira da harmonia celeste! Portanto, é natural que a preferência seja minha. Depois que eu acabar minha hora de ensino musical, poderás dedicar um tempo igual a essas leituras.

Lucêncio: Asno imbecil, que nunca leu sequer o bastante para saber por que motivo se inventou a música! Não foi, então, para aliviar o espírito do homem depois dos estudos ou de um trabalho árduo? Deixa-me ler filosofia e, quando eu parar, esteja pronto para servir a harmonia.

Hortênsio: Rapaz, não pense que vou suportar sua insolência!

Bianca: Como, senhores, me fazem dupla ofensa, discutindo uma primazia que depende só de mim; não estão ensinando a uma aluna de escola; não quero que me amarrem a horas ou horários. Desejo aprender minhas lições como mais me agradar. E para acabar a discussão, sentemo-nos aqui. Pegue seu alaúde e vá tocando; nossa leitura não demorará mais do que o tempo de afinar o instrumento.

Hortênsio: Quando estiver afinado acabará a lição? (*Sai.*)

Lucêncio: Então a lição não acabará nunca – vai afinando.

Bianca: Onde tínhamos parado?

Lucêncio: Aqui senhorita. (*Lê*)
Hac ibat Simois: hic est Sigeia tellus;
hic steterat Priami regia celsa senis.

Bianca: Traduz.

Lucêncio: *Hac ibat* – como lhe disse antes – *Simois* – eu sou Lucêncio – *hic est* – filho de Vincêncio de Pisa – *Sigeia tellus* – disfarçado assim para conseguir seu amor – *hic stetarat* – e esse Lucêncio que se apresenta como pretendente, – *Priami* – é meu criado Trânio, – *regia* – que tomou o meu nome, – *celsa senis* – para que juntos pudéssemos enganar o velho pantalão.

Hortênsio: (*Entrando.*) Senhora, o instrumento está afinado.

Bianca: Vamos ouvir. (*Hortênsio toca.*) Oh, para! O agudo está desafinado.

Lucêncio: Cospe na corda, amigo, e afina novamente.

Bianca: Bem, deixe ver agora se consigo traduzir: – *Hac ibat Simois,* eu não o conheço. – *hic est Sigeia tellus*, não confio no senhor; – *Hic steterat Priami*, cuidado para que ele não nos ouça. – *regia*, nada espere – *celsa senis*, mas também não desespere.

Hortênsio: Agora está bem afinado, senhorita.

Lucêncio: Exceto o baixo.

Hortênsio: O baixo está certo; o que destoa aqui é algo mais baixo. (*À parte.*) Como é atrevido e entusiasmado esse pedante! Por minha vida, que o canalha namora a minha namorada! Pedásculo, eu te vigiarei melhor que nunca.

Bianca: Talvez eu venha a acreditar: agora desconfio.

Lucêncio: Não desconfie: *Ajácida* também foi *Ajax*. – Assim chamado em nome do avô.

Bianca: Devo acreditar no meu mestre: de outra forma, pode crer, ainda teria muito a indagar sobre esse ponto. Mas, paremos aqui. Agora, Lício, a sua vez: – meus bons mestres, não levem a mal, por favor, que eu tenha gracejado com os dois, talvez demais...

Hortênsio: (*A Lucêncio.*) Quer ir andando agora e nos deixar sozinhos um momento? Minhas lições não servem pra três vozes.

Lucêncio: É tão formal assim, senhor? Bem, fico esperando (*À parte.*) – e vigiando: pois, salvo engano, o nosso belo músico está enamorado.

Hortênsio: Senhorita, antes que pegue este instrumento para aprender a posição dos dedos, devo explicar os rudimentos desta arte. Para lhe ensinar a escala de maneira mais rápida, mais agradável, e mais eficiente do que poderia fazê-lo qualquer dos meus colegas, escrevi aqui meu método com a minha melhor letra.

Bianca: Mas como? Já passei da escala há muito tempo!

Hortênsio: Contudo, leia a escala de Hortênsio.

Bianca: (*Lendo.*) "Escala": sou a magia que invade o silêncio. Para encantar o grande amor de Hortênsio:
 B mi, Bianca, aceita-o como teu senhor.
 C fa dó, porque te ama com imenso ardor.
 D sol ré, pus em você meu ideal do mundo.
 E lá mi, tem pena de mim, ou eu sucumbo.

E chama isto escala? Qual, não me agrada: prefiro ficar com a tradição; não sou leviana para trocar regras antigas por loucas invenções. (*Entra um criado.*)

Criado: Senhora, seu pai pede que deixe os livros para ajudar na arrumação do quarto de sua irmã. Manda lembrar que amanhã é o dia do casamento dela.

Bianca: Adeus, mestres queridos, a ambos; devo deixá-los. (*Saem Bianca e o criado.*)

Lucêncio: Se vai embora, senhorita, já não tenho motivo para ficar aqui. (*Sai*)

Hortênsio: Mas eu tenho muito para vigiar esse janota; tem todo o ar de quem está amando. Porém, minha Bianca, se és tão leviana que derramas olhares para qualquer embusteiro, pegue-te então quem quiser: basta outra vez eu te encontrar como encontrei aqui, que Hortênsio irá embora vingando-se de ti. (*Sai*)

Cena II

O mesmo em frente à casa de Batista.
(*Entram Batista, Grêmio, Trânio, Catarina, Bianca, Lucêncio e outros com criados.*)

Batista: (*Para Trânio.*) *Signior* Lucêncio, é hoje o dia do casamento de Petrúquio e nem sabemos onde está meu genro. Que irão falar? Que zombaria não farão ao saber que o sacerdote aguarda e não há noivo para cumprir o cerimonial do enlace? Que diz Lucêncio diante dessa vergonha que passamos?

Catarina: A vergonha é toda minha: obrigada a conceder a mão, contra a vontade, a um maluco estúpido e cheio de capricho que ficou noivo às pressas mas pretende casar bem devagar. Eu bem dizia que era um louco varrido, escondendo sentimentos vis sob a capa de um comportamento excêntrico. Para ter fama de engraçado é bem capaz de cortejar mil moças, marcar o dia dos enlaces, organizar as festas, convidar amigos e espalhar os proclamas; sem ter sequer intenção de casar com quem antes noivou. Agora o mundo pode apontar para a pobre Catarina e dizer: "Olhem, aí vai a mulher do doido Petrúquio se a Petrúquio lhe agradar voltar e se casar com ela.".

Trânio: Paciência, boa Catarina, e o senhor também, Batista. Por minha vida, as intenções de Petrúquio são honradas, seja qual for o azar que o impede de cumprir sua palavra: embora um tanto brusco, é mais do que sensato e, apesar de suas brincadeiras, é homem muito sério.

Catarina: Ah, antes não o tivesse visto nunca! (*Sai chorando, seguida por Bianca e outros.*)

Batista: Vai, filha, vai; não posso censurá-la por chorar. Pois tal afronta envergonharia um santo, quanto mais um gênio impaciente como o seu. (*Entra Biondello.*)

Biondello: Patrão! Patrão! Novidades! Velhas novidades e novidades tais como jamais ouviste.

Batista: Novidades velhas? Como pode ser isso?

Biondello: Então não é novidade saber da chegada de Petrúquio?

Batista: Ele chegou?

Biondello: Não, senhor.

Batista: E então?

Biondello: Está chegando.

Batista: Quando estará aqui?

Biondello: Quando estiver onde eu estou e vir o senhor como o estou vendo.

Trânio: Mas, então, qual é tua velha novidade?

Biondello: Uah! Petrúquio vem com um chapéu novo e uma jaqueta velha: tem culotes três vezes revirados; um par de botas que já foram candelabros, uma de fivela, de cordão a outra; uma espada velha e enferrujada roubada do arsenal desta cidade, com o punho partido e a folha retorcida, quebrada em duas partes. Seu cavalo vem capengando sob uma velha sela corroída pelas traças, e de estribos desiguais. O animal sofre de gosma e de bicheiras; está cheio de sarna, infectado de escrófulas, gordo de tumores, coberto de perebas, amarelo de icterícia, rendado de varizes, roído de lombrigas, quase cego de vertigem. Tem a espinha arrebentada, as ancas deslocadas e é manco das duas mãos. Vem preso só com a metade de um freio e por uma rédea de couro de carneiro que, à força de ser puxada para impedir que ele caia, já arrebentou tanto que é só nó. A cilha foi remendada dez vezes e o selim de veludo é de mulher, cujo nome está lá em duas belas letras, gravadas com tachas, e aqui e ali cosidas com barbante.

Batista: Quem vem com ele?

Biondello: Oh, senhor, o lacaio, equipado tal qual o cavalo. Uma meia de linho numa perna e na outra uma perneira bem grossa com ligas de listas azuis e encarnadas; um chapéu velho e, em vez de plumas, uma divisa dizendo: "O humor de quarenta fantasias.". Um monstro, um verdadeiro monstro em indumentária, sem qualquer semelhança com um criado cristão ou com o lacaio de um cavalheiro.

Trânio: Algum capricho estranho o leva a se vestir assim, embora, o mais das vezes, não ande bem trajado.

Batista: Estou satisfeito que ele chegue, venha como vier.

Biondello: Mas, senhor, ele não vem.

Batista: Mas você não disse que ele vinha?

Biondello: Quem, Petrúquio?

Batista: Sim, que Petrúquio vinha.

Biondello: Não, senhor; eu disse que vinha era o cavalo... com Petrúquio às costas.

Batista: Ora bolas, dá tudo no mesmo.

Biondello: Por Tiago, o santo,
dinheiro eu lhe garanto,
que homem e cavalo
somam mais que um
e, porém, não tanto.
(*Entram Petrúquio e Grúmio.*)

Petrúquio: Vamos, vamos, onde estão esses elegantes? Ninguém em casa?

Batista: Seja bem-vindo, senhor.

Petrúquio: Contudo não venho bem.

Batista: Contudo não está capenga.

Trânio: Nem tão bem-vestido quanto eu gostaria.

Petrúquio: Estaria melhor, não fosse a pressa de chegar. Mas, onde está Cata? Onde se encontra minha noiva encantadora? Como vai, meu pai? Cavalheiros, tanta cara feia! Olham para esta agradável companhia como se contemplassem um monumento estranho, algum cometa ou um prodígio fora do comum!

Batista: Ora, senhor, não ignora que hoje é o dia do seu casamento. Antes estávamos tristes, temendo que não aparecesse. E eis-nos ainda mais tristes, por vê-lo em tal estado. Arre! Tire esse traje, vergonha deste dia, dolorosa visão nesta solene cerimônia!

Trânio: E conte-nos que assunto de tal magnitude o manteve tão longo tempo afastado da esposa e agora o traz como um desconhecido.

Petrúquio: Seria tedioso de contar, duro de ouvir; basta saber que vim cumprir minha palavra, embora forçado a falhar em alguns pontos, dos quais, com mais vagar, eu lhes darei desculpas que sei satisfatórias. Mas, onde está Cata? Permaneci sem ela tanto tempo! A manhã se gasta: já era tempo de estarmos na igreja.

Trânio: Não se apresente à sua noiva em roupas tão irreverentes. Vá ao meu quarto e vista roupas minhas.

Petrúquio: Não eu, pode crer. Vou vê-la assim mesmo.

Batista: Mas, espere, não irá se casar vestido assim.

Petrúquio: Exatamente, exatamente assim: portanto, basta de palavras – ela casa comigo, não com minhas roupas. Pudesse eu consertar tudo que Cata tornará usado em Petrúquio, com a mesma facilidade com que posso trocar estes andrajos, seria bom pra ela e melhor pra mim. Mas que insensato sou: fico aqui conversando, quando devia ir dar bom dia à minha amada, selando o nosso compromisso com um beijo ardente. (*Saem Petrúquio e Grúmio.*)

Trânio: Deve ter suas razões para esse traje doido: mas, se possível, nós o convenceremos a vestir-se melhor, antes de ir à igreja.

Batista: Vou atrás dele, ver o que acontece. (*Saem Batista, Grêmio e criados.*)

Trânio: Mas, senhor, ao amor que ela lhe tem, devemos juntar a permissão do pai. A fim de consegui-la, como já disse antes a V. Senhoria, vou arranjar um homem – seja qual for, sua habilidade não importa, pois nós o instruiremos com cuidado – que represente ser Vincêncio de Pisa; e dê, aqui em Pádua, garantias de bens inda maiores do que eu prometi. Assim se cumprirá sua esperança e, com o consentimento do pai, poderá desposar a doce Bianca.

Lucêncio: Se o meu companheiro professor não vigiasse tão de perto os passos de Bianca, bem que poderíamos realizar em segredo o nosso casamento. E, uma vez realizado, ainda que todo o mundo estivesse contra o fato, o fato existiria, ela seria minha.

Trânio: Para alcançar o nosso objetivo devemos avançar aos poucos. Botaremos de lado o barbudo grisalho, o velho Grêmio, o pai Minola que não enxerga muito, e o músico finório, esse amoroso Lício. Tudo em favor de meu senhor, Lucêncio. (*Entra Grêmio.*) Senhor Grêmio, está vindo da Igreja?

Grêmio: Com o mesmo prazer com que vinha da escola.

Trânio: E os recém-casados também vêm para casa?

Grêmio: Falou recém-casados? Ela devia se chamar recém-caçada, pois entregaram a moça a uma fera!

Trânio: Pior que ela? Vamos, é impossível!

Grêmio: Ora! Ele é um demônio, é um demônio, o próprio cão!

Trânio: Ora! Ela é um demônio, é um demônio, a fêmea do demônio.

Grêmio: Nem diga isso, ela é uma ovelha, uma pomba, uma tolinha diante dele. Eu lhe conto, senhor Lucêncio; quando o padre perguntou se aceitava Catarina como esposa, ele gritou: "Sim, pelas chagas do diabo!". E começou a praguejar tão alto que o padre, em seu espanto, deixou cair o livro. E, quando se curvava pra apanhá-lo, o noivo, ensandecido, lhe desferiu tal trompaço que lá se foi ao chão o padre e o livro, o livro e o padre: "Agora que os levante" – gritou ele – "quem tiver coragem.".

Trânio: E que disse a moça ao levantar-se o padre?

Grêmio: Tremia e se sacudia, pois o noivo não parava de rugir e praguejar como se o padre quisesse tapeá-lo. E ao ver a cerimônia terminada ele gritou por vinho: "À saúde de todos", como se estivesse a bordo, berrando aos companheiros depois da tempestade. Bebeu um golão de moscatel e atirou todo o resto na cara do sacristão pela simples razão de que sua barba rala pareceu-lhe tão seca que implorava um trago. Feito o que, segurou a mulher pelo cangote e beijou-a nos lábios com tal fúria que, ao se separarem, o estalo ecoou em toda a igreja. Vendo isso escapei envergonhado e, atrás de mim, estou certo, todos que estavam lá. Um casamento doido como esse, tenho a impressão que nunca houve antes. Escuta! Escuta! Já se aproximam os menestréis tocando. (*Música. Entram Petrúquio, Catarina, Bianca, Batista e Grúmio, com Hortênsio e o séquito.*)

PETRÚQUIO: Cavalheiros e amigos, eu lhes agradeço por terem se incomodado em vir até aqui; sei que pensavam jantar comigo hoje e para isso preparamos majestoso banquete. Acontece, porém, que a pressa me chama para longe e, assim, aproveito o momento e me despeço.

BATISTA: Mas, pelo menos, não é possível deixar para ir à noite?

PETRÚQUIO: Devo partir com o dia, antes que a noite chegue. Não se espante; se o senhor soubesse dos meus negócios, pediria que eu partisse mais depressa. Assim, honrada companhia, agradeço a todos que assistiram ao ato de entregar-me à mais paciente, carinhosa e virtuosa esposa; jantem com meu pai, bebam à minha saúde. Tenho de ir embora. A todos digo adeus.

TRÂNIO: Permita-me rogar-lhe que fique, só até o jantar.

PETRÚQUIO: Não pode ser.

GRÊMIO: Permita que eu lhe peça.

PETRÚQUIO: Não pode ser.

Catarina: Eu lhe rogo também.

Petrúquio: Isso muito me agrada.

Catarina: Agrada-lhe ficar?

Petrúquio: Agrada que me rogue: mas eu não ficaria nem que você rogasse tudo de que é capaz.

Catarina: Bem, se me ama mesmo, fique.

Petrúquio: Grúmio, o cavalo!

Grúmio: Sim, senhor: um momentinho só. A aveia devorou os cavalos.

Catarina: Pois bem, faça o que bem entender, mas eu não parto hoje. Nem hoje, nem amanhã – só quando me agradar. A porta, senhor, está aberta; o seu caminho, livre. Pode trotar enquanto tiver forças. Quanto a mim, só partirei na hora que quiser. É bem da sua espécie tamanha grosseria e o prova comportando-se assim logo de início.

Petrúquio: Oh, Cata, acalme-se; eu lhe peço, não se enfureça.

Catarina: Não me enfureço? Que tem o senhor com isso? Fique tranquilo, pai; ele não partirá até que eu mande.

Grêmio: Xi, senhor, agora é que são elas!

Catarina: Cavalheiros, todos para o banquete nupcial; ah, como fazem de boba uma mulher, se ela não tem coragem para resistir!

Petrúquio: Eles vão ao banquete, Cata, porque ordenas. Obedeçam à noiva, todos que aqui estão. Festejem, divirtam-se, embriaguem-se; que não haja limites na orgia em louvor de sua virgindade. Fiquem loucos ou alegres ou vão para o diabo. Quanto à minha noivinha, parte comigo. Não, não arregalem os olhos, não batam os pés, não rilhem os dentes, não espumem; quero ser dono do que me pertence. Ela é os meus bens, minha fortuna, minha casa, minha mobília, meu campo, meu celeiro, meu cavalo, meu boi, meu burro, meu tudo que existe. E aqui está ela, quem ousar que a toque. Mostrarei quem sou ao vaidoso que atravessar meu caminho para Pádua. Grúmio, desembainha a espada – estamos cercados de larápios! Se és um homem, protege tua senhora. Não tenha medo, meiga jovem; ninguém terá coragem de tocá-la. Eu a protegerei contra um milhão. (*Saem Petrúquio, Catarina e Grúmio.*)

Batista: He! É melhor deixar que parta esse casal tranquilo.

Grêmio: Se não partissem logo eu ia estourar de rir.

Trânio: Nunca vi casal mais doido.

Lucêncio: Senhorita, que opinião me dá de sua irmã?

Bianca: Como ela própria é louca, casou-se loucamente.

Grêmio: Pois eu garanto que Petrúquio está catarinado.

Batista: Vizinhos e amigos, embora o noivo e a noiva estejam ausentes, não há, na festa, falta de doçura. Lucêncio, tome o lugar do noivo e ofereça a Bianca o lugar da irmã.

Trânio: A formosa Bianca vai ensaiar de noiva?

Batista: Sim, Lucêncio. Por favor, cavalheiros. (*Saem.*)

FIM DO TERCEIRO ATO

ATO IV

Cena I

Casa de campo de Petrúquio.

Grúmio: (*Entra.*) Danem-se, danem-se todos os cavalos fatigados, todos os patrões malucos, todos os caminhos lamacentos! Existiu jamais um homem tão cansado? Houve jamais um homem mais moído? Alguém já viu um homem mais emporcalhado? Mandam-me na frente pra que acenda o fogo e vêm vindo atrás pra se esquentarem. Ah, se eu não fosse um vaso bem pequeno, que esquenta depressa, meus lábios gelados se colariam aos dentes, a língua ao céu da boca, e o coração ao estômago, antes de encontrar um fogo pra me derreter. Mas agora, enquanto sopro o fogo, vou aquecendo o corpo; com esse tempo, mesmo um homem maior, acabaria resfriado. Ó de casa! Olá! Curtis! (*Entra Curtis.*)

Curtis: Quem grita de maneira tão gelada?

Grúmio: Um pedaço de gelo; se duvida, podes deslizar de minha cabeça aos meus pés. Uma lareira, bom Curtis.

Curtis: Meu amo e a esposa vêm chegando?

Grúmio: Oh, claro, Curtis, claro! Portanto, fogo, fogo! e não bota água na fervura.

Curtis: Ela é uma megera tão terrível quanto dizem?

Grúmio: Era, amigo Curtis, antes da nevada! Mas você bem sabe que o inverno amansa o homem, a mulher e a fera; este amansou meu antigo patrão, minha nova patroa e a mim mesmo, camarada.

Curtis: E eu sei lá, anão maluco? Eu não sou fera!

Grúmio: E eu sou anão? Tens razão: sou bastante menor do que teus chifres. Mas vai acender essa lareira ou devo me queixar logo à patroa para que sintas o agradável calor de sua mão?

Curtis: Vamos lá, meu bom Grúmio, conta aí... como é que vai o mundo?

Grúmio: Um mundo frio, Curtis, exceto para ti, no teu trabalho. Vamos, esquenta o mundo! Cumpre teu dever, que terás teu direito; o patrão e a patroa estão mortos de frio.

Curtis: Pronto, aí está o fogo. E agora, Grúmio, as novidades?

Grúmio: Tré-lé-lé, tré-lé-lé, tenho notícias a dar com o pé.

Curtis: Vamos – espirra logo!

Grúmio: Não é difícil; pois peguei um resfriado imenso. Onde está o cozinheiro? O jantar está pronto, a casa arrumada, as esteiras postas, as aranhas mortas, os criados com os trajes novos, meia branca, e todos os demais em roupa de gala? Está tudo em ordem?

Curtis: Tudo pronto. E assim sendo – às notícias.

Grúmio: Saibas primeiro que meu cavalo arrebentou: o patrão e a patroa foram ao chão.

Curtis: Como?

Grúmio: Das selas foram parar na lama; aí toda uma história.

Curtis: Conta, Grúmio, conta.

Grúmio: Apronta o ouvido.

Petrúquio: Sou todo ouvidos.

Grúmio: Toma! (*Dá-lhe um tapa.*)

Curtis: Isso é sentir uma história, não ouvi-la.

Grúmio: É justamente pra que você sinta melhor a história: dei-lhe o tapa para abrir-lhe as portas da audição. Agora começo: *Imprimis*, íamos descendo uma ladeira enlameada, o patrão na traseira da patroa...

Curtis: No mesmo cavalo?

Grúmio: Que te importa isso?

Curtis: Mas, ao cavalo...

Grúmio: Então conta você a história. Não tivesse você me interrompido e eu lhe teria contado como o cavalo caiu e ela embaixo dele; teria também sabido em que lamaçal nojento; como ela ficou enlameada; como ele nem ligou que o cavalo estivesse em cima dela; como ele me bateu culpando-me pela queda do animal; como ela se atolou no lamaçal para vir arrancar-me das mãos dele; como ele praguejava; como ela implorava, ela que nunca implorou nada; como eu chorava; os cavalos fugiram; como se arrebentaram as rédeas do cavalo dela; como perdi o meu rebenque – e muitas outras coisas dignas de memória que, agora, cairão no esquecimento: é uma experiência a menos com que você baixará à sepultura.

Curtis: Pelo que ouço ele é mais feroz que ela.

Grúmio: Ora! Você e o mais atrevido de todos vocês verão, assim que ele chegar. Mas por que falar disso? Chama Nataniel, José, Nicolau, Walter, "Torrão de Açúcar", todo mundo. Que estejam bem penteados, a jaqueta azul bem escovada e com ligas de cores variadas. Que cumprimentem dobrando a perna esquerda e não ousem tocar num fio da cauda do cavalo de meu amo antes de beijarem a mão dos noivos. Estão todos prontos?

Curtis: Prontos.

Grúmio: Chama-os então.

Curtis: Olá, estão ouvindo? Temos que ir ao encontro do patrão para apresentar nossos respeitos à patroa.

Grúmio: Ela já tem respeito próprio.

Curtis: E quem não sabe disso?

Grúmio: Você, parece, pois reúne um grupo para lhe apresentar respeitos.

Curtis: Queremos demonstrar o quanto nos é cara.

Grúmio: Mas – mas ela não vem aqui para saber quanto custa. (*Entram quatro ou cinco criados.*)

Nataniel: Bem-vindo, Grúmio!

Filipe: Como vai, Grúmio?

José: Que é que há, Grúmio?

Nicolau: Grúmio, camarada!

Nataniel: Como é que é, meu velho?

Grúmio: Bem-vindo, você! Como vai, você! Que é que há, você! Camarada, você – chega de cumprimentação. E então, afetados companheiros, está tudo pronto, tudo limpo?

Nataniel: Tudo pronto. A que distância se encontra o nosso amo?

Grúmio: Mais perto do que pensa; saltando do cavalo. Portanto, não procure... Pelo Galo da Paixão, silêncio! Ouço o patrão! (*Entram Petrúquio e Catarina.*)

Petrúquio: Onde está a canalha? Então, ninguém na porta para me segurar o estribo e pegar meu cavalo? Onde estão Nataniel, Gregório, Filipe?

Todos os criados: Aqui, aqui, senhor, aqui, senhor.

Petrúquio: Aqui, senhor! Aqui, senhor! Aqui, senhor! Aqui, senhor! São todos insolentes e grosseiros! Ninguém me espera, ninguém presta atenção, não há obrigações? Onde está o canalha imbecil que enviei na frente?

Grúmio: Aqui, senhor: tão imbecil quanto antes.

Petrúquio: Criado grosseirão e vagabundo! Seu filho de uma égua engalicada, eu não mandei que fosses me encontrar no parque e que levasses contigo esses patifes?

Grúmio: O casaco de Nataniel não estava pronto, senhor, e os sapatos de Gabriel desprendiam-se dos saltos. Não havia com que pintar o chapéu de Pedro e a espada de Walter estava no armeiro. Só havia, bem trajados, Adão, Ralph e Gregório: os outros, esfarrapados, velhos, miseráveis. Contudo, como estavam, aqui estão. Vieram recebê-lo.

Petrúquio: Anda, canalha! Tragam logo a ceia. (*Saem criados. Canta.*)

> Onde está a vida que levei um dia:
> onde estão aqueles...

Senta, Cata, senta, sê bem-vinda, Puf. Puf. Puf. (*Entram criados com a ceia.*) Como, quando, acabem com isso! Ah, bela Cata, um pouco mais alegre. Tirem minhas botas, patifes! Excomungados, vocês verão! (*Canta.*)

> Um frade de traje cinzento
> que fugia de um convento: – ...

Fora, desgraçado! Me arrancou o pé. (*Bate.*) Toma! Vê se com esta aprendes a tirar a outra. Um sorriso, Cata. Tragam água aqui. Como, hã! Onde está meu perdigueiro Troilo? Vai correndo, velhaco, e traz aqui o primo Ferdinando. (*Sai criado.*) É uma pessoa que você deve beijar e cultivar, suave Cata. Onde estão meus chinelos? Não vão trazer a água? (*Entra criado com água.*) Vem, Cata, lava-te aí. És bem-vinda de todo coração. Ah, vilão, filho sem mãe. Deixas cair... (*Bate-lhe*).

CATARINA: Paciência, eu lhe peço; foi sem querer.

PETRÚQUIO: É um orelhudo, um cabeçudo, um filho de uma vaca! Vamos, Cata, senta. Deves estar com fome. Você dá graças a Deus ou eu o faço? Que coisa é está; carneiro?

1º CRIADO: Sim, senhor.

PETRÚQUIO: Quem o trouxe?

PEDRO: Eu.

Petrúquio: Está queimado: e todo o resto também. Que cachorros! Onde anda o animal do cozinheiro? Como ousaram, canalhas, trazer isto da cozinha, e servir-me, esperando que eu gostasse? Vamos, levem tudo daqui, copos, pratos, tudo! (*Atira tudo sobre eles.*) – Negligentes, imundos, escravos sem maneiras! Como? Resmungam? Pois já nos encontramos. (*Saem os criados.*)

Catarina: Marido, por favor, não fique tão raivoso. A carne estava boa; bastava que tivesse tolerância.

Petrúquio: Eu disse, Cata, estava queimada e ressequida e eu me acho expressamente proibido de tocar em comida assim, pois transmite o cólera e aumenta a ira. Portanto, acho melhor nós jejuarmos ambos, pois já temos, de natural, tamanha cólera, que não convém alimentá-la mais com carne mal-assada. Tem paciência, que amanhã tudo estará remediado. Esta noite, porém, jejuaremos juntos. Vem, quero levar-te à câmara matrimonial. (*Saem. vão entrando os criados.*)

Nataniel: Pedro, você já tinha visto coisa parecida?

Pedro: Quer afogá-la em seu próprio molho. (*Entra Curtis.*)

Grúmio: Onde está ele?

Curtis: No quarto dela, fazendo-lhe um sermão de abstinência; injuria, e blasfema e ruge tanto que ela, a pobrezinha, não sabe onde ficar, aonde olhar, o que falar. Parece uma pessoa que acabou de despertar de um sonho. Vamos, vamos, aí vem ele. (*Saem. Entra Petrúquio.*)

Petrúquio: Assim, com muita astúcia, começo meu reinado e espero terminá-lo com sucesso. Meu falcão agora está faminto, de barriga vazia. E, enquanto não ficar bem amestrado, não mandarei matar a sua fome. Assim, aprenderá a obedecer ao dono. Outra maneira que tenho de amansar meu milhafre, de ensiná-lo a voltar e a conhecer meu chamado, é obrigá-lo à vigília como se faz com os falcões que bicam e batem as asas para não obedecer. Ela não comeu nada hoje, nem comerá. Não dormiu a noite passada, também não dormirá esta. Como fiz com a comida hei de encontrar também algum defeito na arrumação da cama. Atirarei pra cá o travesseiro, pra lá as almofadas, prum lado o cobertor, para outro os lençóis. Ah, e no meio de infernal balbúrdia não esquecerei de mostrar que faço tudo por cuidado e reverência a ela. Concluindo, porém: ficará acordada a noite inteira. E se, por um acaso, cochilar, me ponho aos gritos e aos impropérios, com tal furor que a manterei desperta. Assim se mata uma mulher com gentilezas. Assim eu dobrarei seu gênio áspero e raivoso. Se alguém conhece algum modo melhor de domar uma megera, tem a palavra. (*Sai.*)

Cena II

Pádua, diante da casa de Batista.
(*Entram Trânio e Hortênsio.*)

Trânio: Será possível, amigo Lício, que Bianca ame a outro que não Lucêncio? Eu lhe garanto, senhor, que ela me tem tratado às maravilhas.

Hortênsio: Senhor, para o convencer do que narrei, basta ficar de lado e observar a maneira dele lecionar.
(*Ficam de lado. Entram Bianca e Lucêncio.*)

Lucêncio: Então, senhorita, aproveitou bem sua leitura?

Bianca: E o senhor, mestre, o que lê? Responda-me primeiro.

Lucêncio: Leio o que ensino: a arte de amar.

Bianca: E nessa, professor, é realmente um mestre!

Lucêncio: Oh, suave amada, nesse tipo de lição, só é mestre o coração.

Hortênsio: Vão depressa, sim senhor! Diga-me agora: continua a jurar que sua adoradinha não ama a mais ninguém como ama a Lucêncio?

Trânio: Oh, amargurante amor, eterna inconstância feminina! Eu lhe confesso, Lício, isso é espantoso!

Hortênsio: Basta de enganos. Eu não sou Lício, nem sou músico, como finjo ser. Sou apenas um homem envergonhado de usar este disfarce por uma mulher que deixa um cavalheiro e diviniza um biltre. Saiba, senhor, meu nome é Hortênsio.

Trânio: *Signior* Hortênsio, ouvi falar bastante de sua enorme afeição por essa moça. E, como meus olhos foram testemunhas da ligeireza dela, me ponho a seu lado – se assim o permitir, para que abjuremos juntos esse amor – para sempre.

Hortênsio: Veja como se beijam e acariciam! *Signior* Lucêncio, eis aqui minha mão, e aqui o firme juramento de jamais voltar a cortejá-la; pelo contrário, desprezá-la por ser indigna de qualquer dos favores com que, apaixonadamente, eu a lisonjeava.

Trânio: E eu também, solenemente, me comprometo a não casar com ela, mesmo que me suplique desvairada. Basta com ela! Veja a maneira animal como o acaricia!

Hortênsio: Gostaria que o mundo inteiro, menos ele, a abandonasse! Quanto a mim, para melhor cumprir meu juramento, casar-me-ei nos próximos três dias com uma viúva, que me ama tanto quanto amei essa mulher ruim e presunçosa. Adeus, *Signior* Lucêncio. À bondade das mulheres, e não à bela aparência, entregarei agora o meu amor. Parto decidido a cumprir meu juramento. (*Sai Hortênsio. Avançam Lucêncio e Bianca.*)

Trânio: Senhorita Bianca, abençoada seja pela graça que cobre os amantes venturosos. Ah, peguei-a num momento de descuido, amor gentil! Renunciamos a seu amor, eu e Hortênsio.

BIANCA: Está brincando, Trânio? Isso é verdade?

TRÂNIO: Verdade, senhorita.

LUCÊNCIO: Então, estamos livres de Lício.

TRÂNIO: Eu o garanto. Arranjou uma viúva generosa, com quem pensa noivar e se casar num dia.

BIANCA: Deus lhe dê alegria.

TRÂNIO: Sim, mas terá de domá-la.

BIANCA: É o que ele pensa, Trânio.

TRÂNIO: É o que pretende, pois entrou para a escola de domação.

BIANCA: Escola de domação! Existe tal lugar?

TRÂNIO: Sim, senhor, e Petrúquio é o professor,
    que ensina truques mil, com que deixar uma
        [megera muda
    e enfeitiçar a fera linguaruda.
    (*Entra Biondello.*)

BIONDELLO: Oh, patrão, patrão, vigiei tanto tempo! Estou cansado como um cão. Mas afinal descobri um anjo velho que vem descendo o morro. Acho que serve.

TRÂNIO: Quem é ele?

Biondello: Patrão, parece um mercador, talvez um professor, não sei; as roupas são discretas e, no jeito e na cara, é um verdadeiro pai.

Lucêncio: E, agora, Trânio?

Trânio: Se acreditar na minha história ficará contente em poder passar como Vincêncio, e, como tal, oferecer a Batista as garantias que este exige. Vá com sua namorada. Deixe-me sozinho. (*Saem Lucêncio e Bianca. Entra o professor.*)

Professor: Deus o guarde, senhor!

Trânio: E ao senhor também. Seja bem-vindo. Ainda vai para mais longe ou já chegou ao extremo da viagem?

Professor: Vou me deter aqui uma semana ou duas e continuo, então, na direção de Roma. Pretendo ir até Trípoli, Deus me empreste vida.

Trânio: E, por favor, qual é sua cidade?

Professor: Eu sou de Mântua.

Trânio: Mântua, senhor? Deus não o permita! E vem, assim, a Pádua, arriscando a vida?

Professor: A vida? Explique como, senhor! Isso me assusta!

Trânio: Qualquer cidadão de Mântua achado aqui está sob pena de morte. Quer saber a causa? Os navios de Mântua foram apreendidos em Veneza e o duque – por uma questão pessoal com o Duque de Mântua, fez publicar e proclamar tal decisão em toda parte. É de admirar – não fosse estar chegando agora mesmo – que ainda não tenha ouvido alguém falando nisso.

Professor: Ai, senhor, para mim é ainda pior do que parece, pois trago letras de câmbio de Florença que deveria descontar aqui.

Trânio: Bem, amigo, para lhe ser gentil eu o ajudo. Diga-me antes, porém; já esteve em Pisa alguma vez?

Professor: Sim, senhor, já estive em Pisa muitas vezes. Pisa é famosa pela seriedade dos seus cidadãos.

Trânio: Entre eles, por acaso, conheceu um tal Vincêncio?

Professor: Não conheci, mas ouvi falar nessa pessoa; um mercador com uma fortuna incalculável.

Trânio: Pois é meu pai: e pode crer que, de rosto, pelo menos, se parece bastante com o senhor.

Biondello: (*À parte.*) Como uma ostra e um cavalo manco.

Trânio: Para salvar-lhe a vida neste apuro, lhe darei proteção, por amor de meu pai. Já vê assim que não é pequena a sorte de parecer-se tanto com Vincêncio. Dele lhe emprestarei o nome e o crédito.

E terá amistosa acolhida em minha casa. É só cuidar para que os outros não suspeitem – sei que me compreende. Assim poderá demorar nesta cidade até resolver os seus negócios. Se vale a cortesia, senhor, queira aceitá-la.

Professor: Claro que aceito, amigo! E para sempre passo a considerá-lo o protetor de minha vida e liberdade.

Trânio: Então, venha comigo, a fim de preparar o necessário. Mas, ah, devo avisá-lo de que meu pai é esperado aqui a todo instante para garantir o dote de meu casamento com a filha de um certo Batista. Depois lhe explicarei isso em detalhe. Venha comigo, senhor, para se vestir como convém. (*Saem.*)

Cena III

Um quarto em casa de Petrúquio.
(*Entram Catarina e Grúmio.*)

Grúmio: Não, não me atrevo. Por minha vida, não!

Catarina: Quanto pior me trata, mais se irrita. Parece que se casou comigo pra me matar de fome. Mendigos que batem à porta de meu pai recebem sempre esmola; e quando não, logo adiante encontram caridade. Eu, porém, que nunca implorei nada em minha vida, nem a implorar me vi forçada nunca, estou aqui faminta e tonta de sono. As pragas dele conservam-me acordada e, com seus gritos, me crê alimentada. E o que me irrita mais do que isso tudo é que ele o faz em nome de um amor perfeito. Como se o alimento ou o sono pudessem me causar mortal doença ou mesmo a própria morte. Por favor, traga-me alguma coisa de comer, não importa o que, estando em bom estado.

Grúmio: Gostaria de um pernil de vitela?

Catarina: É mais do que eu desejo. Me traga, por favor.

Grúmio: Receio que transmita o cólera. Que tal uma bela tripa, ricamente assada?

Catarina: Acho excelente! Bom Grúmio, traz depressa!

Grúmio: Não, não; receio que tenha o cólera também. Que diria de uma fatia de carne com mostarda?

Catarina: É um prato que adoro.

Grúmio: É. Mas a mostarda é um pouquinho quente demais.

Catarina: Então me traz a carne e esquece essa mostarda.

Grúmio: Não, isso eu não faço; se não comer a mostarda, Grúmio não lhe dará a fatia de carne.

Catarina: Então traz ambos, um dos dois, qualquer um, qualquer coisa.

Grúmio: Nesse caso, então, a mostarda sem a carne.

Catarina: Sai! Desaparece daqui, escravo falso e traidor (*Bate nele.*) que pensa alimentar-me apenas com o nome das comidas. Que sejas tu maldito e toda a tua malta que assim se vangloria de me ver sofrendo. Sai, some, eu já disse! (*Entram Petrúquio e Hortênsio, trazendo carne.*)

Petrúquio: Como vai minha Cata? Oh, doçura, está abatida.

Hortênsio: Como se sente senhora?

Catarina: É impossível me sentir mais fria.

Petrúquio: Alegria, Cata, olha sorrindo para mim. Vê, amor, aqui está a prova da minha atenção para contigo. Eu mesmo preparei a carne, eu mesmo a trouxe. Estou certo, querida, que essa bondade merece um elogio. Como? Não me dizes nada? Ah, será então porque não gostas desse prato? Não valeu nada o meu esforço todo. Você aí, leve esse prato!

Catarina: Eu lhe peço que o deixe.

Petrúquio: O mais humilde trabalho merece um obrigado. Aqui espero o meu, antes que você toque na carne.

Catarina: Muito obrigado, senhor.

Hortênsio: Que vergonha, *Signior* Petrúquio. Fora! Venha, senhora Catarina, eu lhe farei companhia.

Petrúquio: (*À parte, a Hortênsio.*) Devora tudo, Hortênsio, se me tens estima. (*A Catarina.*) Que isso traga calor a teu bom coração. Come tranquila, Cata. E agora, doce amada, voltaremos à casa de teu pai para fazer-te estourar na maior alegria, com teus mantos de seda, chapéus, anéis de ouro, punho, golas, espartilhos, coisas. Com estolas, leques, braceletes de âmbar, pedrarias, uma magnificência duplicada. Como, já acabaste? O alfaiate está aí fora a teu dispor para cobrir teu corpo com seu tesouro de futilidades. (*Entra alfaiate.*) Vem, alfaiate. Vejamos essas bugigangas. Estende esse vestido. (*Entra Mascate.*) Que novidades traz o cavalheiro?

Mascate: Este chapéu que V. Senhoria encomendou.

Petrúquio: Isso? Foi inspirado numa frigideira? É uma bela terrina de veludo. Ora! Ora! É indecente e feio. É um caramujo, uma casca de noz, um gorro de criança, uma brincadeira de mau gosto, uma bobagem. Bota isso fora. Mostra-me um maior.

Catarina: Eu não quero um maior! A moda é essa! É o que usam as mulheres de gosto delicado.

Petrúquio: Então ganharás um – quando tu fores delicada.

Hortênsio: (*À parte.*) Penso que não vai ser tão cedo.

Catarina: Bem, cavalheiro, acho que tenho o direito de falar – e vou falar. Não sou criança, não sou bebezinho; gente melhor do que o senhor tem me dado atenção quando digo o que penso. Se não quiser ouvir, tape os ouvidos. Minha língua vai expressar o ódio do meu peito porque, se me contenho um pouco mais, meu coração estoura. E para evitar isso usarei das palavras com liberdade extrema, como tanto me agrada.

PETRÚQUIO: Mas claro! Tu tens toda razão; é um capuz horroroso, uma forma de bolo, uma torta de seda. Amo-te mais ainda por não gostares disso.

CATARINA: Ame ou não ame, pouco importa – eu gosto do chapéu. E eu fico com esse ou fico sem nenhum.

PETRÚQUIO: O teu vestido? Ah, sim, chega aqui, alfaiate, e mostra a roupa. Deus da misericórdia, que fantasia é essa? E isto aqui? Uma manga? Parece mais a boca de um canhão. E isto, que vem de cima a baixo, bordado como um bolo de noivado? E aqui este buraco, este babado, esse corte, esta abertura e esse pano todo furadinho como braseiro de barbearia? O que e como, em nome do demônio, você chama isto?

HORTÊNSIO: (*À parte*) Pelo que vejo o chapéu vai combinar com a roupa: ela não ganhará nem um nem outro.

ALFAIATE: A ordem que o senhor me deu foi de cortá-lo de acordo com o tempo e a moda.

PETRÚQUIO: Hum, é certo; mas se estás bem lembrado não mandei que estragasses a fazenda só porque é moda. Vai, volta para o lugar de onde vieste e trata de saltar todos os obstáculos do caminho, antes que eu te obrigue a isso. Não quero nada disso, fora!

Catarina: Nunca vi um vestido mais bem-feito, mais belo, agradável e elegante. Tenho a impressão de que deseja me transformar numa boneca.

Petrúquio: É isso! Ele deseja te transformar numa boneca.

Alfaiate: Ela diz que V. Senhoria é que deseja transformá-la numa boneca.

Petrúquio: Oh, arrogância monstruosa! Tu, mentira, tu dedal, tu novelo, tu jarda, meia jarda, polegada, zero! Tu pulga, tu piolho, tu grilo de inverno, tu! Desafiado em minha própria casa por um carretel de linha! Some, trapo, quantidade ínfima, resto! Ou queres ser medido com tua própria régua a fim de não esqueceres jamais esta velhacaria? Repito: foste tu que estragaste a roupa dela.

Alfaiate: V. Senhoria se engana; o traje foi feito exatamente como ordenou o patrão. Grúmio foi quem me encomendou como fazê-lo.

Grúmio: Eu não encomendei; entreguei o pano.

Alfaiate: Mas não disse, então, como devíamos fazê-lo?

Grúmio: Sim, claro, com agulha e linha.

Alfaiate: Mas não mandou cortá-lo?

Grúmio: Já tomaste a medida a muita gente?

Alfaiate: Já.

Grúmio: Pois a minha medida ninguém toma. Já provaste também muitos fregueses, mas a mim ninguém prova. Não quero ser medido nem provado. Digo e na cara: ordenei a teu patrão que cortasse a fazenda, mas não em mil pedaços; *ergo*, mentes.

Alfaiate: Bem, como prova do que eu disse, aqui está a nota da encomenda.

Petrúquio: Lê.

Alfaiate: (*Lê.*) *Imprimis*, um vestido folgado...

Grúmio: Patrão, se eu jamais falei em vestido folgado, quero que me cosam dentro dele e me espanquem até a morte com uma trança de fibra bem dura. Eu disse: "um vestido".

Petrúquio: Segue.

Alfaiate: (*Lê.*) Com um grande decote arredondado.

Grúmio: O decote eu confesso.

Alfaiate: (*Lê.*) Uma manga comprida...

Grúmio: Eu ordenei duas mangas.

Alfaiate: (*Lê.*) As mangas artisticamente recortadas.

Petrúquio: Eis aí a safadeza.

Grúmio: Há um erro na carta, senhor; erro na carta. Eu ordenei que recortassem as mangas, e depois cosessem-nas de novo. E vou lhe provar isso, mesmo que ele me ataque armado de dedal.

Alfaiate: O que eu disse é verdade; e, se te pego num lugar a jeito, tu vais concordar.

Grúmio: Estou às tuas ordens.

Petrúquio: Em resumo, senhor, o vestido não me serve.

Grúmio: Mas, evidentemente, patrão; por que não o experimenta na senhora?

Petrúquio: Leva o vestido e diz a teu patrão que o use como achar melhor.

Grúmio: Não faz isso, patife, se tens amor à vida; levar o vestido de minha patroa para ser usado pelo teu patrão! Fora! Fora!

Petrúquio: Como? O que quer dizer com essas palavras?

Grúmio: Oh, senhor, o conceito é mais profundo que supõe. Levar o vestido de minha patroa para ser usado pelo patrão dele! Ora! ora! ora!

Petrúquio: (*À parte, para Hortênsio.*) Hortênsio, providencia para que o alfaiate seja pago. (*Ao alfaiate.*) Retira-te; some daqui, não digas mais nada.

Hortênsio: Alfaiate, pagarei amanhã o teu vestido. Não leves a mal essas palavras irritadas. Vai. E recomenda-me a teu amo. (*Saem o Alfaiate e o Mascate.*)

Petrúquio: Bem, partamos, Cata. Iremos visitar teu pai, vestidos assim mesmo, nestes trajes modestos mas honestos; nossas bolsas são fartas, nossos vestidos, simples. Pois é a mente que faz o corpo rico. E assim como, através das nuvens mais espessas, o sol irrompe, assim a honra brilha nas vestes mais humildes. Será o pavão mais precioso do que a cotovia por ter penas mais belas? Ou a serpente melhor do que a enguia porque sua pele colorida alegra o nosso olhar? Ah, não, Cata querida; nem tu ficas pior por te faltar um séquito e usares roupa modesta. Porém, se te envergonhas, põe toda a culpa em mim. E agora, alegra-te: partimos logo pra festejar e divertir-nos em casa do teu pai. Chama os criados, que saímos logo. Levem os cavalos ao fim da estrada principal. Montaremos ali. Até ali andaremos a pé. Vejamos; são mais ou menos sete horas. Chegaremos com calma à hora do jantar.

Catarina: Tenho a ousadia de corrigir a hora, senhor; são quase duas. Quando chegarmos lá nem mesmo a ceia pegaremos.

Petrúquio: Antes que eu monte a cavalo, serão sete horas. Olhe, em tudo que eu falo, ou faço, ou penso fazer, você acha maneira de me contrariar. Podem deixar, senhores. Já não vamos mais hoje. Mas, no momento em que partirmos, será a hora que eu disser que for.

Hortênsio: O quê, senhor! Até no sol esse elegante manda? (*Saem.*)

Cena IV

Pádua, diante da casa de Batista.
(*Entram Trânio e o Professor, vestidos da mesma maneira.*)

Trânio: É esta a casa, senhor; posso chamar?

Professor: E que outra coisa? Mas tenho receio de que o senhor Batista se recorde de mim, pois moramos juntos na Hospedaria Pégaso, em Gênova, vinte anos atrás.

Trânio: Vamos ver: de qualquer maneira, porém, procure comportar-se com a austeridade que se espera de um pai.

Professor: Fique tranquilo. Mas, cuidado, aí vem o seu pajem. Acho bom preveni-lo. (*Entra Biondello*)

Trânio: Não se preocupe com ele. Biondello, rapaz, cuidado, com teu comportamento, eu te aviso! Consegues ver aqui o verdadeiro Vincêncio?

Biondello: Ora, não tenha receio.

Trânio: Deste o recado a Batista?

Biondello: Contei-lhe que o senhor seu pai estava em Veneza e que hoje era esperado aqui em Pádua.

Trânio: Eis um rapaz sabido! Pega lá; para tomar um trago. Mas aí vem Batista. Cara séria, amigo! (*Entram Batista e Lucêncio.*) Senhor Batista, que feliz encontro! (*Ao Professor.*) Senhor, é este o cavalheiro de quem lhe falava. Rogo-lhe agora que seja um pai bondoso e me ofereça os meios de obter Bianca.

Professor: Calma, filho. Senhor, se me permite: tendo vindo a Pádua para cobrar algumas dívidas, meu filho, Lucêncio, pôs-me a par da grande causa: o amor que o une a sua filha. Dadas as boas referências que tenho a seu respeito, e considerado o amor que os dois proclamam, para não deixá-lo esperar por muito tempo, eu, como bom pai, aprovo o matrimônio. E se o senhor não encontrar obstáculo maior, aqui estou ao seu dispor para o que desejar. Quanto ao senhor, *Signior* Batista, nada posso exigir – de si só tenho ouvido o bem.

Batista: Senhor, perdoe-me o que vou dizer; muito me agrada sua simplicidade e concisão. É verdade, seu filho Lucêncio, aqui presente, diz amar minha filha e ela o ama também, ou estão ambos fingindo muito bem. Basta pois o senhor prometer que o tratará como um verdadeiro pai, garantindo o adequado dote à minha filha, que tudo é feito e o casamento é um fato. Eu dou consentimento.

Trânio: Eu lhe agradeço, senhor. Onde, então, prefere que seja realizado o enlace e se contratem os detalhes para que ambos os lados fiquem satisfeitos?

Batista: Não em minha casa, Lucêncio, pois, como você sabe, as paredes têm ouvidos e a casa está cheia de criados. Além disso o velho Grêmio continua à espreita e pode nos interromper a todo instante.

Trânio: Então, na minha casa, se for de seu agrado. É onde mora meu pai. Ali, à noite, poderemos tratar de nosso assunto com segredo e calma. Mande avisar Bianca pelo seu criado, que eu mandarei meu pajem chamar o escrivão. Só há um contratempo: dada a pressa do encontro vão ter uma comida pobre e sem fartura.

Batista: Aceito com prazer. Biondello, corre até em casa e diz a Bianca que se apronte depressa. Se necessário, conta o que aconteceu; o pai de Lucêncio está em Pádua e parece que ela vai ser a esposa de Lucêncio.

Biondello: É o que suplico ao céu, de todo o coração.

Trânio: Deixa o céu em paz e mete o pé na estrada. (*Sai Biondello.*) *Signior* Batista, quer acompanhar-me? Bem-vindo! Embora o banquete seja só um prato, venha, por favor; em Pisa farei tudo melhor.

Batista: Eu o sigo. (*Saem Trânio, Professor, Batista. Entra Biondello.*)

Biondello: Câmbio...

Lucêncio: Que me dizes, Biondello?

Biondello: Percebeu quando meu amo sorriu e lhe piscou o olho?

Lucêncio: Qual foi a intenção dele?

Biondello: Nada, dou minha palavra. Deixou-me aqui exatamente para que explique o sentido ou a moral de seus sinais e gestos.

Lucêncio: Pois moraliza logo!

Biondello: Lá vai; Batista está seguro, conversando com o pai falsificado e o filho falsificador.

Lucêncio: E daí?

Biondello: O senhor deverá conduzir a filha dele para a ceia.

Lucêncio: E depois?

Biondello: O velho padre da igreja de São Lucas estará noite e dia a seu dispor.

Lucêncio: E disso tudo?

Biondello: Nada posso dizer, a não ser aconselhá-lo a, enquanto eles redigem um contrato falso, tomar posse dela verdadeira. *Cum privilegio ad imprimendum solum.* À igreja! Pegue o padre, o sacristão e algumas testemunhas de certa honestidade.

> Se não é isso o que queria,
> só resta-lhe dizer que se despeça de Bianca
> para sempre e um dia. (*Vai saindo.*)

Lucêncio: Biondello, estás me ouvindo?

Biondello: Não posso demorar: conheci uma jovem que se casou numa tarde quando foi à horta buscar salsa para rechear um coelho. O senhor pode fazer o mesmo. E assim sendo, adeus. Meu amo mandou que eu vá a São Lucas avisar o padre para que esteja pronto quando o senhor chegar com seu apêndice. (*Sai.*)

Lucêncio: O que posso fazer, farei, se ela quiser. E quererá. Por que duvidar disso? Aconteça o que acontecer vou agarrá-la agora.

Cena V

Uma estrada.
(*Entram Petrúquio, Catarina e Hortênsio.*)

Petrúquio: Para a frente, em nome de Deus. Voltamos à casa de teu pai. Oh, céu bondoso, como é terna e brilhante a luz da lua!

Catarina: Lua?! O sol! Não há luar agora.

Petrúquio: Brilhando assim só pode ser a lua.

Catarina: Brilhando assim só pode ser o sol.

Petrúquio: Pois eu juro, pelo filho de minha mãe, ou seja, por mim mesmo, que é a lua, ou uma estrela ou o que eu bem disser – se pretendes chegar à casa de teu pai. Alguém aí recolha novamente todos os cavalos. Sempre a mesma teimosia e teimosia: nada mais que teimosia!

Hortênsio: (*À parte, a Catarina.*) Concorde com ele ou nunca chegaremos.

Catarina: Continuemos, por favor, já que chegamos tão longe. E seja lua ou sol, ou o que mais te agradar. E se te agrada dizer que é lamparina, lamparina será, daqui em diante.

Petrúquio: Eu digo que é a lua.

Catarina: Eu sei que é a lua.

Petrúquio: Não é então, sua mentirosa! É o sol bendito!

Catarina: Bendito seja Deus então. É o sol bendito. Mas já não é mais o sol, se dizes que não é. E a lua muda com o teu pensar. O nome que lhe deres isso ela será e o parecerá também a Catarina.

Hortênsio: (*À parte.*) Vai em frente, Petrúquio; tens vencida a batalha.

Petrúquio: Bem, para a frente, para a frente! Assim deve correr a bola evitando bater nos obstáculos. Mas, atenção! Quem vem chegando? (*Entra Vincêncio. A Vincêncio.*) Bom dia, gentil donzela. Onde é que estamos? Diga-me, querida Catarina, e fala com franqueza, já viste por acaso uma jovem com frescor semelhante? Há em seu rosto uma guerra de branco e de vermelho. Jamais estrelas conseguiram emprestar ao céu tanta beleza quanto esses dois olhos sobre essa face angelical. Esplêndida, adorável donzela.

Mais uma vez, bom dia. Cata, querida, abraça-a em louvor de sua formosura.

Hortênsio: (*À parte.*) O homem vai ficar furioso transformado em mulher!

Catarina: Bela virgem em botão, suave e fresca, aonde vais? Onde resides? Felizes pais de tão formosa filha; e mais feliz o homem a quem boas estrelas destinarem companheira de leito tão bonita.

Petrúquio: Que é isso, Cata! Espero que não tenhas enlouquecido! Isso é um homem, velho, enrugado, murcho e ressecado e não uma virgem em botão, como tu dizes.

Catarina: Perdoa-me, velho pai, o erro de meus olhos. Estão tão ofuscados pela luz do sol que tudo que vejo me parece verde. Percebo agora que és um venerando ancião. Peço-te perdão de novo, por meu louco engano.

Petrúquio: Perdoa-me, venerável patriarca, e faz-nos saber qual o teu caminho. Sendo o mesmo que o nosso, gozaremos o prazer de tua companhia.

Vincêncio: Simpático senhor e alegre senhora, cujo encontro tanto me espantou. Os que me conhecem chamam-me Vincêncio; sou natural de Pisa; minha direção é Pádua, onde pretendo visitar um filho que não vejo há muito.

Petrúquio: O nome dele?

Vincêncio: Lucêncio, amável cavalheiro.

Petrúquio: É um encontro feliz; e mais feliz ainda pra teu filho. E agora, por lei, e também por tua aparência venerável, passo a chamar-te de querido pai. A irmã de minha esposa, a dama aqui presente, acaba de casar-se com teu filho. Não se espante ou entristeça pois tem bom conceito, traz dote precioso e é muito bem-nascida. Em tudo, assim, qualificada para ser esposa digna do mais nobre fidalgo. Deixe que o abrace, venerável Vincêncio. E prossigamos juntos para encontrar seu honrado filho, que o receberá com a máxima alegria.

Vincêncio: Será verdade isso ou é desses viajantes brincalhões que gostam de zombar das pessoas que encontram?

Hortênsio: Dou minha palavra, pai, é a verdade.

Petrúquio: Venha, venha conosco e verá a verdade por si próprio. Nossa brincadeira anterior deixou-o, é natural, desconfiado. (*Saem Petrúquio, Catarina e Vincêncio.*)

Hortênsio: Bem, Petrúquio, acabas de me dar coragem.
>Vou buscar a viúva.
>Se ela for irritável,
>Hortênsio já aprendeu contigo
>a ser indominável.

FIM DO QUARTO ATO

ATO V

Cena I

Pádua, diante da casa de Lucêncio.
(*Entram Biondello, Lucêncio e Bianca. Grêmio está do lado de fora.*)

Biondello: Prudência e rapidez, senhor; o padre já está pronto.

Lucêncio: Estou voando, Biondello; mas pode acontecer que eles te chamem em casa. Vai embora.

Biondello: Não, por minha fé, quero ver primeiro esse negócio da igreja resolvido; depois voltarei para meu amo o mais depressa que puder. (*Saem Lucêncio, Bianca e Biondello.*)

Grêmio: É estranho; Câmbio ainda não veio. (*Entram Petrúquio, Catarina, Vincêncio, Grúmio e criados.*)

Petrúquio: Senhor, é esta a porta; é aqui a casa de Lucêncio; a de meu pai fica mais perto do mercado. Devo ir até lá, por isso me despeço.

Vincêncio: Não antes de beber alguma coisa. Não antes que eu lhe ofereça aqui minhas boas-vindas. Mas, a julgar pelas aparências, estão se divertindo aí. (*Bate.*)

Grêmio: Estão muito ocupados; bata mais forte! (*O professor olha pela janela.*)

Professor: Quem é que está querendo derrubar a porta?

Vincêncio: O senhor Lucêncio está em casa, amigo?

Professor: Está em casa, mas não pode atender.

Vincêncio: Mesmo que seja para receber cem ou duzentas libras com que alegrar a festa?

Professor: Pode guardar suas libras; enquanto eu for vivo, ele não vai precisar delas.

Petrúquio: Ah, eu não lhe disse que seu filho era muito estimado aqui em Pádua? O senhor está me ouvindo? Pondo de lado essas frivolidades, faça o favor de avisar o *Signior* Lucêncio de que o pai dele acaba de chegar de Pisa e quer falar com ele aqui na porta.

Professor: Mentira sua: o pai de Lucêncio já chegou de Pisa há muito tempo e está olhando vocês desta janela.

Vincêncio: O senhor é o pai dele?

Professor: Sim, senhor. Pelo menos é o que diz minha mulher.

Petrúquio: (*Para Vincêncio.*) Ora, ora, com que então, meu cavalheiro! Sabe o nobre senhor, que é da mais pura velhacaria assumir o nome de outra pessoa?

Professor: Segurem esse canalha; na certa faz-se passar por mim para enganar alguém nesta cidade. (*Entra Biondello.*)

Biondello: Acabo de deixá-los juntos na igreja; que Deus os faça navegar em paz! Mas, quem está aí? Vincêncio, o meu velho amo! Estamos perdidos, já não somos nada.

Vincêncio: Chega, aqui, ó cara de defunto.

Biondello: Posso ir e posso não ir, senhor.

Vincêncio: Chega aqui, patife. Já esqueceste quem eu sou?

Biondello: Esquecê-lo, senhor! Como poderia esquecê-lo? Jamais vi sua cara em toda minha vida!

Vincêncio: Como, refinado patife? Nunca viste Vincêncio, o pai de teu patrão?

Biondello: Fala do velho amo, do venerado velho? Como não, senhor; ei-lo ali, olhando da janela.

Vincêncio: Ah, é assim? (*Bate em Biondello.*)

Biondello: Socorro! Socorro! Socorro! Esse louco quer me assassinar. (*Sai.*)

Professor: Socorro, meu filho! Socorro, *Signior* Batista!

Petrúquio: Vem, Cata, por favor, vamos ficar de lado e ver onde vai dar toda essa encrenca. (*Retiram-se. Entram o Professor, Batista, Trânio e criados.*)

Trânio: Quem é o senhor, que tem a audácia de bater em meu criado?

Vincêncio: Quem sou eu, senhor? Antes – quem é o senhor, senhor? Oh, deuses imortais! Oh, canalha bem-vestido! Um casaco de seda! Os calções de veludo! O manto purpurino! E o chapéu de ponta! Oh, estou arruinado! Estou arruinado! Enquanto em casa levo uma vida de economias, meu filho e meu criado esbanjam tudo na Universidade.

Trânio: Como? Como? De que se trata?

Batista: Ele é maluco?

Trânio: Senhor, pelas roupas que traja dir-se-ia que é um cavalheiro responsável; mas suas palavras mostram que é um louco. Se uso ouro e pérolas, que tem o senhor a ver com isso? Agradeço a meu bom pai poder vestir-me assim.

Vincêncio: Teu pai, vilão! Um costureiro de velas em Bérgamo, teu pai!

Batista: Engano seu senhor, engano seu. Me diga o nome dele, por favor.

Vincêncio: O nome dele! Como se eu não soubesse o nome dele! Criei-o desde a idade dos três anos. É Trânio, o nome dele!

Professor: Fora, fora daqui, asno maluco! Ele se chama Lucêncio e é meu filho, o único herdeiro de todas as minhas terras: *Signior* Vincêncio.

Vincêncio: Lucêncio! Oh, terá assassinado o amo! Prendam-no em nome do duque, eu os intimo. Ó meu filho, meu filho! Diz-me canalha, onde é que está meu filho?

Trânio: Chamem a guarda! (*Entra criado, trazendo um guarda.*) Ponha esse maluco na prisão. *Signior* Batista, peço-lhe que providencie o julgamento.

Vincêncio: Eu ir para a prisão?

Grêmio: Um momento, guarda: não o leve!

Batista: Não se meta, *Signior* Grêmio; ele está preso.

Grêmio: *Signior* Batista, tome cuidado para não ser enganado nesse negócio. Atrevo-me a jurar que este é o Vincêncio verdadeiro.

Professor: Pois jure, se se atreve.

Grêmio: Acho que não me atrevo.

Trânio: Talvez seja melhor você dizer que eu não sou Lucêncio.

Grêmio: Sim, eu sei que és Lucêncio.

Batista: Levem esse velho tonto! Para a prisão com ele!

Vincêncio: Assim se trata e maltrata os forasteiros – oh, monstruosa infâmia! (*Entram Biondello, com Lucêncio e Bianca.*)

Biondello: Oh, estamos perdidos, aí vem ele. Temos que negá-lo, não o reconhecer, ou estamos desgraçados.

Lucêncio: Perdão, querido pai. (*Ajoelha-se.*)

Vincêncio: Está vivo o meu amado filho. (*Saem Biondello, Trânio e o Professor, tão depressa quanto possível.*)

Batista: Por que pedes perdão? Onde está Lucêncio?

Lucêncio: Aqui está Lucêncio, o verdadeiro filho do Vincêncio verdadeiro. Foi assim que me casei com tua filha e a fiz minha, enquanto personagens falsos mistificavam teus olhos.

Grêmio: Uma fraude em que fomos todos enganados!

Vincêncio: Mas onde anda esse maldito Trânio, que teve a insolência de enfrentar-me e de insultar-me?

Batista: Digam-me, por favor, agora: este não é o meu criado Câmbio?

Bianca: Câmbio se transformou em Lucêncio.

Lucêncio: Foi o amor que realizou esses milagres. O amor de Bianca fez com que eu tomasse a posição de Trânio, enquanto ele se comporta como eu pela cidade. E feliz, chego assim, afinal, ao almejado porto das delícias. O que Trânio fez foi a meu mandado e pois, amado pai, eu peço que o perdoe, pelo bem que me quer.

Vincêncio: Arrancarei o nariz desse canalha cuja intenção era meter-me na enxovia.

Batista: (*A Lucêncio.*) Mas como, então, senhor, casa com minha filha sem meu consentimento?

Vincêncio: Nada receies, Batista; faremos tudo para que fiques satisfeito, vamos. E agora eu entro para vingar-me de uma vilania. (*Sai.*)

Batista: E eu, para sondar mais fundo esta velhacaria. (*Sai.*)

Lucêncio: Não empalideças, trêmula Bianca; teu pai não vai ficar zangado. (*Saem Lucêncio e Bianca.*)

Grêmio: Meu bolo está solado: mas entrarei junto com os outros. Perdi toda esperança, não vou perder o meu lugar na festa. (*Sai. Petrúquio e Catarina avançam.*)

Catarina: Esposo, vamos segui-los e ver onde termina esse barulho todo.

Petrúquio: Primeiro um beijo, Cata; e logo entramos.

Catarina: Aqui, em plena rua?

Petrúquio: Como, tens vergonha de mim?

Catarina: Não, senhor, Deus me perdoe. Vergonha de beijar.

Petrúquio: Se é assim, voltamos para casa; vamos, cambada – embora!

Catarina: Não! Eu dou o beijo! (*Beija-o.*) E agora, eu peço, amor, vamos ficar.

Petrúquio: Não está bem assim? Vem, querida Cata; é melhor tarde do que nunca, pois *nunca* é demasiado tarde. (*Saem.*)

Cena II

Aposento na casa de Lucêncio.
(*Entram Batista, Vincêncio, Grêmio, o Professor, Lucêncio, Bianca, Petrúquio, Catarina, Hortênsio e sua viúva, Trânio, Biondello e Grúmio. Os criados e Trânio trazem o banquete.*)

Lucêncio: Por fim, depois de tanto tempo, se afinam as nossas notas dissonantes. É o momento, agora, acabada a batalha furiosa, de sorrir a perigos e ameaças passadas. Minha bela Bianca, dá a meu pai as boas-vindas, que, com a mesma ternura, me dirijo ao teu. Irmão Petrúquio, Catarina irmã, e tu, Hortênsio, com a viúva amada, é meu prazer que se divirtam ao máximo: sejam bem-vindos a esta casa. Um bom banquete aquecerá o nosso estômago, arrematando a nossa alegre festa. Sentem-se, por favor. Sentados podemos conversar mais à vontade – sem deixar de comer. (*Sentam-se.*)

Petrúquio: Não se faz outra coisa – é sentar e sentar e comer e comer.

Batista: São os prazeres de viver em Pádua, meu Petrúquio.

Petrúquio: Tudo de Pádua só nos traz prazeres.

Hortênsio: Por nós ambos, Petrúquio, gostaria que fosse verdadeiro o que tu dizes.

Petrúquio: Ai, por minha vida, Hortênsio tem receio da viúva.

Viúva: Então jamais confie em mim, se meto medo.

Petrúquio: Criatura tão sensível e não percebeu o meu sentido. Eu quis dizer que Hortênsio receia por você.

Viúva: Quem está gira diz que o mundo gira.

Petrúquio: É uma resposta louca.

Catarina: Senhora, que pretende dizer com essa frase?

Viúva: É a concepção que tenho dele.

Petrúquio: Concebe de mim? Oh, que dirá Hortênsio?

Hortênsio: Minha viúva quis dizer que concebeu um conceito a seu respeito.

Petrúquio: Muito bem remendado. Boa viúva, ele merece um beijo.

Catarina: Quem é gira diz que o mundo gira. Lhe perguntei o que pretende dizer com essa frase.

Viúva: Que seu marido, torturado por viver com uma megera, pensa que meu marido sofre igual desdita. Já sabe agora a minha intenção.

Catarina: Intenção de ferir.

Viúva: Referir... a você.

Catarina: Sou megera, em verdade; mas em comparação, quem sabe?

Petrúquio: A ela, Cata!

Hortênsio: Nela, viúva!

Petrúquio: Cem marcos, como minha mulher fica por cima.

Hortênsio: Eh, é minha essa função!

Petrúquio: Ao funcionário. (*Bebe.*)

Batista: Então, Grêmio, que acha dessa gente de cabeça ágil?

Grêmio: Acho, senhor, que estão trocando boas cabeçadas.

Bianca: Boas cabeçadas. Certas cabeças lutariam melhor se tivessem os chifres que merecem.

Vincêncio: Oh, a bela noiva; a discussão acordou-a!

Bianca: Ligeiramente. Torno a dormir.

Petrúquio: Não torne não. Agora que entrou, prepare-se para flechadas mais certeiras.

Bianca: Sou seu passarinho? Pertenço ao seu viveiro? Pois vou mudar de bosque. E quem tiver bom arco me persiga. Sejam bem-vindos, todos. (*Saem Bianca, Catarina e a viúva.*)

Petrúquio: Oh, perdi a mira! Aqui, senhor Trânio, ao pássaro que alvejou e não feriu. À saúde de todos que atiram e falham.

Trânio: Oh, senhor, Lucêncio usou-me como um perdigueiro que corre muito mas, quando apanha a caça, é para o dono.

Petrúquio: Boa comparação; e bem ligeira; mas um tanto canina.

Trânio: Quanto ao senhor, fez bem em perseguir a própria caça; dizem, porém, que a corça que persegue mantém sua distância.

Batista: Eh, oh, Petrúquio! Trânio acertou uma!

Lucêncio: Agradeço a estocada, amigo Trânio.

Hortênsio: Confessa, confessa que ele te acertou!

Petrúquio: Confesso, me arranhou um pouco. Mas, como o golpe pegou-me de raspão, aposto dez por um que atingiu em cheio vocês dois.

Batista: Agora, bom Petrúquio, falo a sério; acho que a mais megera é mesmo a que te coube.

Petrúquio: Não discuto; vamos verificar. Cada um de nós manda chamar a esposa. Aquele cuja esposa for mais obediente, vindo assim que chamada, ganhará o prêmio que nós combinarmos.

Hortênsio: De acordo! Qual é o prêmio?

Lucêncio: Vinte coroas.

Petrúquio: Vinte Coroas! Isso eu aposto em meu falcão ou em meu cão de caça. Em minha esposa aposto vinte vezes.

Lucêncio: Cem coroas, então.

Hortênsio: De acordo.

Petrúquio: O jogo está fechado.

Hortênsio: Quem começa?

Lucêncio: Eu começo. Vai, Biondello, e diz a minha esposa que venha até aqui.

Biondello: Já vou. (*Sai.*)

Batista: Meu filho, fico com metade da aposta. Bianca vem.

Lucêncio: Nada de sócio. Vou ganhar sozinho. (*Entra Biondello.*) Então, então? Que aconteceu?

Biondello: Patrão, sua senhora manda dizer que está ocupada e que não pode vir.

Petrúquio: Olá, está ocupada e não pode vir! Isso é resposta?

Grêmio: Sim, e por sinal, gentil. Peça a Deus, senhor, que não lhe mande uma pior.

Petrúquio: Melhor, melhor!

Hortênsio: Biondello, seu tonto, corre e roga a minha esposa que venha ter comigo, por favor. (*Sai Biondello.*)

Petrúquio: Ah, eh! Rogando, bem, pode ser que ela venha.

Hortênsio: Acho, senhor, que a sua, nem rogando vem. (*Entra Biondello.*) Então, onde está minha esposa?

Biondello: Disse para o senhor deixar de brincadeira. Disse que não vem; se o senhor quiser pode ir lá.

Petrúquio: Cada vez pior: se o senhor quiser pode ir lá! Absurdo, vergonhoso, intolerável! Grúmio, vá procurar sua patroa e diga-lhe que lhe ordeno vir aqui! (*Sai Grúmio.*)

Hortênsio: Já sei a resposta.

Petrúquio: Qual é?

Hortênsio: Não vem.

Petrúquio: Tanto pior minha sorte. Aí, o fim.

Batista: Por Nossa Senhora, lá vem Catarina! (*Entra Catarina.*)

Catarina: Que deseja, senhor, pra que me chama?

Petrúquio: Onde está tua irmã e a mulher de Hortênsio?

Catarina: Conversam, senhor, junto à lareira do salão.

Petrúquio: Vai buscá-las; se recusarem vir, podes bater-lhes com vontade, desde que venham ter com os maridos. Vai, anda; que venham sem demora! (*Sai Catarina.*)

Lucêncio: Se existem milagres, acabo de ver um.

Hortênsio: Milagre é; não sei é o que anuncia.

Petrúquio: Ora, anuncia a paz, o amor, a vida calma, respeito a quem se deve, justa supremacia. Para ser breve, tudo que traz prazer, felicidade.

Batista: Que tudo de bom te aconteça, meu Petrúquio! A aposta é tua e junto mais vinte mil libras ao que os dois perderam; é um outro dote para outra filha. Está tão mudada que não é mais a mesma.

Petrúquio: Não, quero ganhar melhor a minha aposta mostrando outros sinais de sua obediência.

Obediência; essa virtude que aprendeu agora. Vejam, lá vem ela, trazendo pela mão as duas mulheres geniosas, prisioneiras de sua atual convicção. (*Entra Catarina, com Bianca e a viúva.*) Catarina, não te assenta esse chapéu que trazes. Bota fora e pisa essa besteira. (*Ela obedece.*)

Viúva: Meu Deus, não me dê jamais o infortúnio de padecer semelhante humilhação!

Bianca: Que vergonha! Isso é uma obediência estúpida.

Lucêncio: Gostaria que tua obediência fosse igualmente estúpida, formosa Bianca. Pois tua obediência sábia já me custou cem coroas.

Bianca: Pois mais estúpido é você que aposta em minha obediência.

Petrúquio: Catarina, encarrego-te de dizer a essas senhoras cabeçudas as obrigações que têm para com seus maridos e senhores.

Viúva: Vamos, vamos, está zombando. Não queremos sermão.

Petrúquio: Estou mandando, vamos; e começa com ela.

Viúva: Não o fará.

Petrúquio: Fará: e começa com ela.

Catarina: Tem vergonha! Desfaz essa expressão ameaçadora e não lança olhares desdenhosos para ferir teu senhor, teu rei, teu soberano. Isso corrói tua beleza, como a geada queima o verde prado, destrói tua reputação como o redemoinho os botões em flor; e não é nem sensato nem gracioso. A mulher irritada é uma fonte turva, enlameada, desagradável de aspecto, ausente de beleza. E enquanto está assim não há ninguém, por mais seco e sedento, que toque os lábios nela, que lhe beba uma gota. O marido é teu senhor, tua vida, teu protetor, teu chefe e soberano. É quem cuida de ti, e, para manter-te, submete seu corpo a trabalho penoso seja em terra ou no mar. Sofrendo a tempestade à noite, de dia o frio, enquanto dormes no teu leito morno, salva e segura, segura e salva. E não exige de ti outro tributo senão amor, beleza, sincera obediência. Pagamento reduzido demais para tão grande esforço. O mesmo dever que prende o servo ao soberano prende, ao marido, a mulher. E quando ela é teimosa, impertinente, azeda, desabrida, não obedecendo às suas ordens justas, que é então senão rebelde, infame, uma traidora que não merece as graças de seu amo e amante? Tenho vergonha de ver mulheres tão ingênuas que pensam em fazer guerra quando deviam ajoelhar e pedir paz. Ou procurando poder, supremacia e força, quando deviam amar, servir, obedecer. Por que razão o nosso corpo é liso, macio, delicado, não preparado para a fadiga e a confusão do mundo, senão para que o nosso coração e o nosso espírito tenham delicadeza igual ao exterior? Vamos, vamos, vermes teimosos e impotentes. Também já tive um gênio tão difícil, um coração pior. E mais razão, talvez, pra revidar palavra por palavra, ofensa por ofensa. Vejo agora, porém que nossas lanças são de palha. Nossa força é fraqueza, nossa fraqueza, sem remédio. E quanto mais queremos ser, menos nós somos. Assim, compreendido o inútil desse orgulho, devemos colocar as mãos, humildemente, sob os pés do senhor. Para esse dever, quando meu esposo quiser, a minha mão está pronta.

Petrúquio: Sim, eis uma mulher! Vem, dá-me um beijo, Cata.

Lucêncio: Vai, segue teu caminho, amigo; chegaste onde querias.

Vincêncio: É agradável ouvir a juventude em tão belo momento.

Lucêncio: Mas mulheres teimosas, meu Deus, que abatimento!

Hortênsio: Vai, segue teu caminho; domaste uma megera brava.

Lucêncio: Permita-me dizer; é um assombro que esteja assim domada.

Petrúquio: Estamos os três casados, mas vocês dois, vencidos! Como vencedor, porém, eu peço a Deus que lhes favoreça uma boa noite! E agora, Catarina, para a cama! (*Saem.*)[7]

FIM

Notas do Tradutor

As notas de pé de página, resultado de trabalho exaustivo que, literalmente, milhares de trabalhadores intelectuais já fizeram na obra de Shakespeare, explicando, com aprofundamento super-humano, a nuance etimológica, histórica, poética ou apenas referencial de cada palavra do poeta, não são fundamentais nesta tradução, que pretende ser substancialmente dramática, i. e., teatral. Dou aqui apenas meia dúzia de notas, essenciais, para informar, sucintamente, sobre um estilo de trabalho.

1) *Paucas pallabris*. Poucas palavras. Alguns estudiosos afirmam que a expressão vem do espanhol. Às vezes surge em espanhol mesmo, no original: *pocas palabras*. Como *paucas pallabris* soa estranho no texto inglês e *pocas palabras* não soaria assim no texto brasileiro, preferi conservar a primeira expressão.

2) *Estanca*. No original *sessa*. Alguns eruditos dão a palavra como de origem italiana, *cessa* ou francesa, *cessez*. Eruditos, como se sabe, trabalham ao acaso do que encontram e, quase sempre, lutam pelo que encontraram como verdade definitiva. Acabam agindo como Sly, o nosso personagem bêbado que, ignorante mas pernóstico, já chamou de Ricardo, Guilherme, o Conquistador. *Sessa* que, em algumas edições, vem mesmo *Cesa*, é mais provável que provenha do espanhol.

Não coloquei *cessa* em brasileiro pois aqui também a palavra se incluiria sem relevo no texto. Escolhi *estanca* que, levemente estranha para nós, conserva a graça de *sessa* do texto inglês.

3) *Sentinela*. No original *Thirdborough*. Sly responde com um trocadilho imbecil: "Third, or fourth ou fifth borough". Em geral as traduções esbarram nos trocadilhos e passam por cima com uma nota (*ou nem isso*): "Expressão intraduzível", e o Bardo dá mais uma volta em seu túmulo. Não há expressões intraduzíveis, sobretudo em criações dramáticas e poéticas, que permitem uma ampla variação de escolhas. *Thirdborough*, que alguns comentaristas dão como corruptela de *Fridborgh*, "garantia de paz", significa para outros uma corruptela de *Frith*, também paz. Pensei, primeiro, em colocar na boca da estalajadeira: "Vou chamar o guarda do quarteirão", com Sly respondendo: "Quarteirão ou quintilhão". Mas duvidando da validade urbanística do termo "*quarteirão*" no século XVI, preferi a palavra *sentinela*, o que dá também uma forma mais simples à resposta de Sly: "Sentinela e senta nela".

4) *Merriman, Clowder, Silver e Bellman*. Há sempre, para o tradutor, a difícil opção de traduzir ou não os nomes próprios, pois em qualquer língua eles são uma mistura de influências culturais (*imitações, ascendências e corruptelas*) e, portanto, o ouvido está permanentemente acostumado a sons estrangeiros quando se trata de pessoas. Nem se nota os nomes quando um José da Silva

conversa com um Giani Ratto, um Richbieter e um Jost. No caso presente, nomes de animais, preferi, na época desta tradução – 1963 – deixar no original. Hoje sou a favor de traduzir tudo.

5) *Leads apes in hell*. As moças que não casavam levavam macacos pro inferno, isto é, ficavam solteironas. Expressão proverbial que preferi modificar pra forma mais compreensível, mas não demasiado explícita, conservando um certo mistério.

6) Todo o diálogo entre Catarina e Petrúquio é uma série de trocadilhos, alguns graciosos, outros estúpidos, alguns francamente grosseiros, uns poucos poéticos. A cena se sustenta na agilidade vocabular dos personagens, única forma de o trocadilho ser válido. É fundamental, na tradução, mais que a letra exata dos trocadilhos, manter o fogo do diálogo, seu ritmo e sua melodia. O mesmo foi pretendido em muitos outros momentos da peça.

7) Transpus esta frase, no original colocada algumas linhas antes, para o final. É definitivamente conclusiva. Depois disso não há mais nada a dizer. O poeta não ficou zangado.

M. F.

Sobre o tradutor

Millôr Fernandes (1923-2012) estreou muito cedo no jornalismo, do qual veio a ser um dos mais combativos exemplos no Brasil. Suas primeiras atividades na imprensa foram em *O Jornal* e nas revistas *O Cruzeiro* e *Pif-Paf*. Estudou no Liceu de Artes e Ofícios do Rio de Janeiro e, já integrado à intelectualidade carioca, trabalhou nos seguintes periódicos: *Diário da Noite*, *Tribuna da Imprensa* e *Correio da Manhã*, sofrendo, diversas vezes, censura e retaliações por seus textos. De 1964 a 1974, escreveu regularmente para *O Diário Popular*, de Portugal. Colaborou também para os periódicos *Correio da Manhã*, *Veja*, *O Pasquim*, *Isto É*, *Jornal do Brasil*, *O Dia*, *Folha de São Paulo*, *O Estado de São Paulo*, entre outros. Publicou dezenas de livros, entre os quais *A verdadeira história do paraíso*, *Poemas* (**L&PM** POCKET), *Millôr definitivo – A bíblia do caos* (**L&PM** POCKET) e *O livro vermelho dos pensamentos de Millôr* (**L&PM** POCKET). Suas colaborações para o teatro chegam a mais de uma centena de trabalhos, entre peças de sua autoria, como *Flávia, cabeça, tronco e membros* (**L&PM** POCKET), *Liberdade, liberdade* (com Flávio Rangel, **L&PM** POCKET), *O homem do princípio ao fim* (**L&PM** POCKET), *Um elefante no caos* (**L&PM** POCKET), *A história é uma história*, e adaptações e traduções teatrais, como *Gata em telhado de zinco quente*, de Tennessee Williams, *A megera domada*, de Shakespeare (**L&PM** POCKET), *Pigmaleão*, de George Bernard Shaw (**L&PM** POCKET), e *O jardim das cerejeiras* seguido de *Tio Vânia*, de Anton Tchékhov (**L&PM** POCKET).

Coleção L&PM POCKET

540. É fácil matar – Agatha Christie
541. O pai Goriot – Balzac
542. Brasil, um país do futuro – Stefan Zweig
543. O processo – Kafka
544. O melhor de Hagar 4 – Dik Browne
545. Por que não pediram a Evans? – Agatha Christie
546. Fanny Hill – John Cleland
547. O gato por dentro – William S. Burroughs
548. Sobre a brevidade da vida – Sêneca
549. Geraldão (1) – Glauco
550. Piratas do Tietê (2) – Laerte
551. Pagando o pato – Ciça
552. Garfield de bom humor (6) – Jim Davis
553. Conhece o Mário? vol.1 – Santiago
554. Radicci 6 – Iotti
555. Os subterrâneos – Jack Kerouac
556. (1). Balzac – François Taillandier
557. (2). Modigliani – Christian Parisot
558. (3). Kafka – Gérard-Georges Lemaire
559. (4). Júlio César – Joël Schmidt
560. Receitas da família – J. A. Pinheiro Machado
561. Boas maneiras à mesa – Celia Ribeiro
562. (9). Filhos sadios, pais felizes – R. Pagnoncelli
563. (10). Fatos & mitos – Dr. Fernando Lucchese
564. Ménage à trois – Paula Taitelbaum
565. Mulheres! – David Coimbra
566. Poemas de Álvaro de Campos – Fernando Pessoa
567. Medo e outras histórias – Stefan Zweig
568. Snoopy e sua turma (1) – Schulz
569. Piadas para sempre (1) – Visconde da Casa Verde
570. O alvo móvel – Ross Macdonald
571. O melhor do Recruta Zero (2) – Mort Walker
572. Um sonho americano – Norman Mailer
573. Os broncos também amam – Angeli
574. Crônica de um amor louco – Bukowski
575. (5). Freud – René Major e Chantal Talagrand
576. (6). Picasso – Gilles Plazy
577. (7). Gandhi – Christine Jordis
578. A tumba – H. P. Lovecraft
579. O príncipe e o mendigo – Mark Twain
580. Garfield, um charme de gato (7) – Jim Davis
581. Ilusões perdidas – Balzac
582. Esplendores e misérias das cortesãs – Balzac
583. Walter Ego – Angeli
584. Striptiras (1) – Laerte
585. Fagundes: um puxa-saco de mão cheia – Laerte
586. Depois do último trem – Josué Guimarães
587. Ricardo III – Shakespeare
588. Dona Anja – Josué Guimarães
589. 24 horas na vida de uma mulher – Stefan Zweig
591. Mulher no escuro – Dashiell Hammett
592. No que acredito – Bertrand Russell
593. Odisseia (1): Telemaquia – Homero
594. O cavalo cego – Josué Guimarães
595. Henrique V – Shakespeare
596. Fabulário geral do delírio cotidiano – Bukowski
597. Tiros na noite 1: A mulher do bandido – Dashiell Hammett
598. Snoopy em Feliz Dia dos Namorados! (2) – Schulz
600. Crime e castigo – Dostoiévski
601. Mistério no Caribe – Agatha Christie
602. Odisseia (2): Regresso – Homero
603. Piadas para sempre (2) – Visconde da Casa Verde
604. À sombra do vulcão – Malcolm Lowry
605. (8). Kerouac – Yves Buin
606. E agora são cinzas – Angeli
607. As mil e uma noites – Paulo Caruso
608. Um assassino entre nós – Ruth Rendell
609. Crack-up – F. Scott Fitzgerald
610. Do amor – Stendhal
611. Cartas do Yage – William Burroughs e Allen Ginsberg
612. Striptiras (2) – Laerte
613. Henry & June – Anaïs Nin
614. A piscina mortal – Ross Macdonald
615. Geraldão (2) – Glauco
616. Tempo de delicadeza – A. R. de Sant'Anna
617. Tiros na noite 2: Medo de tiro – Dashiell Hammett
618. Snoopy em Assim é a vida, Charlie Brown! (3) – Schulz
619. 1954 – Um tiro no coração – Hélio Silva
620. Sobre a inspiração poética (Íon) e ... – Platão
621. Garfield e seus amigos (8) – Jim Davis
622. Odisseia (3): Ítaca – Homero
623. A louca matança – Chester Himes
624. Factótum – Bukowski
625. Guerra e Paz: volume 1 – Tolstói
626. Guerra e Paz: volume 2 – Tolstói
627. Guerra e Paz: volume 3 – Tolstói
628. Guerra e Paz: volume 4 – Tolstói
629. (9). Shakespeare – Claude Mourthé
630. Bem está o que bem acaba – Shakespeare
631. O contrato social – Rousseau
632. Geração Beat – Jack Kerouac
633. Snoopy: É Natal! (4) – Charles Schulz
634. Testemunha da acusação – Agatha Christie
635. Um elefante no caos – Millôr Fernandes
636. Guia de leitura (100 autores que você precisa ler) – Organização de Léa Masina
637. Pistoleiros também mandam flores – David Coimbra

638. **O prazer das palavras** – vol. 1 – Cláudio Moreno
639. **O prazer das palavras** – vol. 2 – Cláudio Moreno
640. **Novíssimo testamento: com Deus e o diabo, a dupla da criação** – Iotti
641. **Literatura Brasileira: modos de usar** – Luís Augusto Fischer
642. **Dicionário de Porto-Alegrês** – Luís A. Fischer
643. **Clô Dias & Noites** – Sérgio Jockymann
644. **Memorial de Isla Negra** – Pablo Neruda
645. **Um homem extraordinário e outras histórias** – Tchékhov
646. **Ana sem terra** – Alcy Cheuiche
647. **Adultérios** – Woody Allen
651. **Snoopy: Posso fazer uma pergunta, professora? (5)** – Charles Schulz
652(10). **Luís XVI** – Bernard Vincent
653. **O mercador de Veneza** – Shakespeare
654. **Cancioneiro** – Fernando Pessoa
655. **Non-Stop** – Martha Medeiros
656. **Carpinteiros, levantem bem alto a cumeeira & Seymour, uma apresentação** – J.D.Salinger
657. **Ensaios céticos** – Bertrand Russell
658. **O melhor de Hagar 5** – Dik e Chris Browne
659. **Primeiro amor** – Ivan Turguêniev
660. **A trégua** – Mario Benedetti
661. **Um parque de diversões da cabeça** – Lawrence Ferlinghetti
662. **Aprendendo a viver** – Sêneca
663. **Garfield, um gato em apuros (9)** – Jim Davis
664. **Dilbert (1)** – Scott Adams
666. **A imaginação** – Jean-Paul Sartre
667. **O ladrão e os cães** – Naguib Mahfuz
669. **A volta do parafuso** seguido de **Daisy Miller** – Henry James
670. **Notas do subsolo** – Dostoiévski
671. **Abobrinhas da Brasilônia** – Glauco
672. **Geraldão (3)** – Glauco
673. **Piadas para sempre (3)** – Visconde da Casa Verde
674. **Duas viagens ao Brasil** – Hans Staden
676. **A arte da guerra** – Maquiavel
677. **Além do bem e do mal** – Nietzsche
678. **O coronel Chabert** seguido de **A mulher abandonada** – Balzac
679. **O sorriso de marfim** – Ross Macdonald
680. **100 receitas de pescados** – Sílvio Lancellotti
681. **O juiz e seu carrasco** – Friedrich Dürrenmatt
682. **Noites brancas** – Dostoiévski
683. **Quadras ao gosto popular** – Fernando Pessoa
685. **Kaos** – Millôr Fernandes
686. **A pele de onagro** – Balzac
687. **As ligações perigosas** – Choderlos de Laclos
689. **Os Lusíadas** – Luís Vaz de Camões
690(11). **Átila** – Éric Deschodt
691. **Um jeito tranquilo de matar** – Chester Himes
692. **A felicidade conjugal** seguido de **O diabo** – Tolstói
693. **Viagem de um naturalista ao redor do mundo** – vol. 1 – Charles Darwin
694. **Viagem de um naturalista ao redor do mundo** – vol. 2 – Charles Darwin
695. **Memórias da casa dos mortos** – Dostoiévski
696. **A Celestina** – Fernando de Rojas
697. **Snoopy: Como você é azarado, Charlie Brown! (6)** – Charles Schulz
698. **Dez (quase) amores** – Claudia Tajes
699. **Poirot sempre espera** – Agatha Christie
701. **Apologia de Sócrates** precedido de **Êutifron e** seguido de **Críton** – Platão
702. **Wood & Stock** – Angeli
703. **Striptiras (3)** – Laerte
704. **Discurso sobre a origem e os fundamentos da desigualdade entre os homens** – Rousseau
705. **Os duelistas** – Joseph Conrad
706. **Dilbert (2)** – Scott Adams
707. **Viver e escrever** (vol. 1) – Edla van Steen
708. **Viver e escrever** (vol. 2) – Edla van Steen
709. **Viver e escrever** (vol. 3) – Edla van Steen
710. **A teia da aranha** – Agatha Christie
711. **O banquete** – Platão
712. **Os belos e malditos** – F. Scott Fitzgerald
713. **Libelo contra a arte moderna** – Salvador Dalí
714. **Akropolis** – Valerio Massimo Manfredi
715. **Devoradores de mortos** – Michael Crichton
716. **Sob o sol da Toscana** – Frances Mayes
717. **Batom na cueca** – Nani
718. **Vida dura** – Claudia Tajes
719. **Carne trêmula** – Ruth Rendell
720. **Cris, a fera** – David Coimbra
721. **O anticristo** – Nietzsche
722. **Como um romance** – Daniel Pennac
723. **Emboscada no Forte Bragg** – Tom Wolfe
724. **Assédio sexual** – Michael Crichton
725. **O espírito do Zen** – Alan W.Watts
726. **Um bonde chamado desejo** – Tennessee Williams
727. **Como gostais** seguido de **Conto de inverno** – Shakespeare
728. **Tratado sobre a tolerância** – Voltaire
729. **Snoopy: Doces ou travessuras? (7)** – Charles Schulz
730. **Cardápios do Anonymus Gourmet** – J.A. Pinheiro Machado
731. **100 receitas com lata** – J.A. Pinheiro Machado
732. **Conhece o Mário?** vol.2 – Santiago
733. **Dilbert (3)** – Scott Adams
734. **História de um louco amor** seguido de **Passado amor** – Horacio Quiroga
735(11). **Sexo: muito prazer** – Laura Meyer da Silva
736(12). **Para entender o adolescente** – Dr. Ronald Pagnoncelli
737(13). **Desembarcando a tristeza** – Dr. Fernando Lucchese
738. **Poirot e o mistério da arca espanhola & outras histórias** – Agatha Christie
739. **A última legião** – Valerio Massimo Manfredi
741. **Sol nascente** – Michael Crichton
742. **Duzentos ladrões** – Dalton Trevisan
743. **Os devaneios do caminhante solitário** – Rousseau

744. **Garfield, o rei da preguiça (10)** – Jim Davis
745. **Os magnatas** – Charles R. Morris
746. **Pulp** – Charles Bukowski
747. **Enquanto agonizo** – William Faulkner
748. **Aline: viciada em sexo (3)** – Adão Iturrusgarai
749. **A dama do cachorrinho** – Anton Tchékhov
750. **Tito Andrônico** – Shakespeare
751. **Antologia poética** – Anna Akhmátova
752. **O melhor de Hagar 6** – Dik e Chris Browne
753. (12). **Michelangelo** – Nadine Sautel
754. **Dilbert (4)** – Scott Adams
755. **O jardim das cerejeiras** *seguido de* **Tio Vânia** – Tchékhov
756. **Geração Beat** – Claudio Willer
757. **Santos Dumont** – Alcy Cheuiche
758. **Budismo** – Claude B. Levenson
759. **Cleópatra** – Christian-Georges Schwentzel
760. **Revolução Francesa** – Frédéric Bluche, Stéphane Rials e Jean Tulard
761. **A crise de 1929** – Bernard Gazier
762. **Sigmund Freud** – Edson Sousa e Paulo Endo
763. **Império Romano** – Patrick Le Roux
764. **Cruzadas** – Cécile Morrisson
765. **O mistério do Trem Azul** – Agatha Christie
768. **Senso comum** – Thomas Paine
769. **O parque dos dinossauros** – Michael Crichton
770. **Trilogia da paixão** – Goethe
773. **Snoopy: No mundo da lua! (8)** – Charles Schulz
774. **Os Quatro Grandes** – Agatha Christie
775. **Um brinde de cianureto** – Agatha Christie
776. **Súplicas atendidas** – Truman Capote
779. **A viúva imortal** – Millôr Fernandes
780. **Cabala** – Roland Goetschel
781. **Capitalismo** – Claude Jessua
782. **Mitologia grega** – Pierre Grimal
783. **Economia: 100 palavras-chave** – Jean-Paul Betbèze
784. **Marxismo** – Henri Lefebvre
785. **Punição para a inocência** – Agatha Christie
786. **A extravagância do morto** – Agatha Christie
787. (13). **Cézanne** – Bernard Fauconnier
788. **A identidade Bourne** – Robert Ludlum
789. **Da tranquilidade da alma** – Sêneca
790. **Um artista da fome** *seguido de* **Na colônia penal e outras histórias** – Kafka
791. **Histórias de fantasmas** – Charles Dickens
796. **O Uraguai** – Basílio da Gama
797. **A mão misteriosa** – Agatha Christie
798. **Testemunha ocular do crime** – Agatha Christie
799. **Crepúsculo dos ídolos** – Friedrich Nietzsche
802. **O grande golpe** – Dashiell Hammett
803. **Humor barra pesada** – Nani
804. **Vinho** – Jean-François Gautier
805. **Egito Antigo** – Sophie Desplancques
806. (14). **Baudelaire** – Jean-Baptiste Baronian
807. **Caminho da sabedoria, caminho da paz** – Dalai Lama e Felizitas von Schönborn
808. **Senhor e servo e outras histórias** – Tolstói
809. **Os cadernos de Malte Laurids Brigge** – Rilke
810. **Dilbert (5)** – Scott Adams
811. **Big Sur** – Jack Kerouac
812. **Seguindo a correnteza** – Agatha Christie
813. **O álibi** – Sandra Brown
814. **Montanha-russa** – Martha Medeiros
815. **Coisas da vida** – Martha Medeiros
816. **A cantada infalível** *seguido de* **A mulher do centroavante** – David Coimbra
819. **Snoopy: Pausa para a soneca (9)** – Charles Schulz
820. **De pernas pro ar** – Eduardo Galeano
821. **Tragédias gregas** – Pascal Thiercy
822. **Existencialismo** – Jacques Colette
823. **Nietzsche** – Jean Granier
824. **Amar ou depender?** – Walter Riso
825. **Darmapada: A doutrina budista em versos**
826. **J'Accuse...! – a verdade em marcha** – Zola
827. **Os crimes ABC** – Agatha Christie
828. **Um gato entre os pombos** – Agatha Christie
831. **Dicionário de teatro** – Luiz Paulo Vasconcellos
832. **Cartas extraviadas** – Martha Medeiros
833. **A longa viagem de prazer** – J. J. Morosoli
834. **Receitas fáceis** – J. A. Pinheiro Machado
835. (14). **Mais fatos & mitos** – Dr. Fernando Lucchese
836. (15). **Boa viagem!** – Dr. Fernando Lucchese
837. **Aline: Finalmente nua!!! (4)** – Adão Iturrusgarai
838. **Mônica tem uma novidade!** – Mauricio de Sousa
839. **Cebolinha em apuros!** – Mauricio de Sousa
840. **Sócios no crime** – Agatha Christie
841. **Bocas do tempo** – Eduardo Galeano
842. **Orgulho e preconceito** – Jane Austen
843. **Impressionismo** – Dominique Lobstein
844. **Escrita chinesa** – Viviane Alleton
845. **Paris: uma história** – Yvan Combeau
846. (15). **Van Gogh** – David Haziot
848. **Portal do destino** – Agatha Christie
849. **O futuro de uma ilusão** – Freud
850. **O mal-estar na cultura** – Freud
853. **Um crime adormecido** – Agatha Christie
854. **Satori em Paris** – Jack Kerouac
855. **Medo e delírio em Las Vegas** – Hunter Thompson
856. **Um negócio fracassado e outros contos de humor** – Tchékhov
857. **Mônica está de férias!** – Mauricio de Sousa
858. **De quem é esse coelho?** – Mauricio de Sousa
860. **O mistério Sittaford** – Agatha Christie
861. **Manhã transfigurada** – L. A. de Assis Brasil
862. **Alexandre, o Grande** – Pierre Briant
863. **Jesus** – Charles Perrot
864. **Islã** – Paul Balta
865. **Guerra da Secessão** – Farid Ameur
866. **Um rio que vem da Grécia** – Cláudio Moreno
868. **Assassinato na casa do pastor** – Agatha Christie
869. **Manual do líder** – Napoleão Bonaparte
870. (16). **Billie Holiday** – Sylvia Fol
871. **Bidu arrasando!** – Mauricio de Sousa
872. **Os Sousa: Desventuras em família** – Mauricio de Sousa

874. **E no final a morte** – Agatha Christie
875. **Guia prático do Português correto – vol. 4** – Cláudio Moreno
876. **Dilbert (6)** – Scott Adams
877(17). **Leonardo da Vinci** – Sophie Chauveau
878. **Bella Toscana** – Frances Mayes
879. **A arte da ficção** – David Lodge
880. **Striptiras (4)** – Laerte
881. **Skrotinhos** – Angeli
882. **Depois do funeral** – Agatha Christie
883. **Radicci 7** – Iotti
884. **Walden** – H. D. Thoreau
885. **Lincoln** – Allen C. Guelzo
886. **Primeira Guerra Mundial** – Michael Howard
887. **A linha de sombra** – Joseph Conrad
888. **O amor é um cão dos diabos** – Bukowski
890. **Despertar: uma vida de Buda** – Jack Kerouac
891(18). **Albert Einstein** – Laurent Seksik
892. **Hell's Angels** – Hunter Thompson
893. **Ausência na primavera** – Agatha Christie
894. **Dilbert (7)** – Scott Adams
895. **Ao sul de lugar nenhum** – Bukowski
896. **Maquiavel** – Quentin Skinner
897. **Sócrates** – C.C.W. Taylor
899. **O Natal de Poirot** – Agatha Christie
900. **As veias abertas da América Latina** – Eduardo Galeano
901. **Snoopy: Sempre alerta! (10)** – Charles Schulz
902. **Chico Bento: Plantando confusão** – Mauricio de Sousa
903. **Penadinho: Quem é morto sempre aparece** – Mauricio de Sousa
904. **A vida sexual da mulher feia** – Claudia Tajes
905. **100 segredos de liquidificador** – José Antonio Pinheiro Machado
906. **Sexo muito prazer 2** – Laura Meyer da Silva
907. **Os nascimentos** – Eduardo Galeano
908. **As caras e as máscaras** – Eduardo Galeano
909. **O século do vento** – Eduardo Galeano
910. **Poirot perde uma cliente** – Agatha Christie
911. **Cérebro** – Michael O'Shea
912. **O escaravelho de ouro e outras histórias** – Edgar Allan Poe
913. **Piadas para sempre (4)** – Visconde da Casa Verde
914. **100 receitas de massas light** – Helena Tonetto
915(19). **Oscar Wilde** – Daniel Salvatore Schiffer
916. **Uma breve história do mundo** – H. G. Wells
917. **A Casa do Penhasco** – Agatha Christie
919. **John M. Keynes** – Bernard Gazier
920(20). **Virginia Woolf** – Alexandra Lemasson
921. **Peter e Wendy** *seguido de* **Peter Pan em Kensington Gardens** – J. M. Barrie
922. **Aline: numas de colegial (5)** – Adão Iturrusgarai
923. **Uma dose mortal** – Agatha Christie
924. **Os trabalhos de Hércules** – Agatha Christie
926. **Kant** – Roger Scruton
927. **A inocência do Padre Brown** – G.K. Chesterton
928. **Casa Velha** – Machado de Assis
929. **Marcas de nascença** – Nancy Huston
930. **Aulete de bolso**
931. **Hora Zero** – Agatha Christie
932. **Morte na Mesopotâmia** – Agatha Christie
934. **Nem te conto, João** – Dalton Trevisan
935. **As aventuras de Huckleberry Finn** – Mark Twain
936(21). **Marilyn Monroe** – Anne Plantagenet
937. **China moderna** – Rana Mitter
938. **Dinossauros** – David Norman
939. **Louca por homem** – Claudia Tajes
940. **Amores de alto risco** – Walter Riso
941. **Jogo de damas** – David Coimbra
942. **Filha é filha** – Agatha Christie
943. **M ou N?** – Agatha Christie
945. **Bidu: diversão em dobro!** – Mauricio de Sousa
946. **Fogo** – Anaïs Nin
947. **Rum: diário de um jornalista bêbado** – Hunter Thompson
948. **Persuasão** – Jane Austen
949. **Lágrimas na chuva** – Sergio Faraco
950. **Mulheres** – Bukowski
951. **Um pressentimento funesto** – Agatha Christie
952. **Cartas na mesa** – Agatha Christie
954. **O lobo do mar** – Jack London
955. **Os gatos** – Patricia Highsmith
956(22). **Jesus** – Christiane Rancé
957. **História da medicina** – William Bynum
958. **O Morro dos Ventos Uivantes** – Emily Brontë
959. **A filosofia na era trágica dos gregos** – Nietzsche
960. **Os treze problemas** – Agatha Christie
961. **A massagista japonesa** – Moacyr Scliar
963. **Humor do miserê** – Nani
964. **Todo o mundo tem dúvida, inclusive você** – Édison de Oliveira
965. **A dama do Bar Nevada** – Sergio Faraco
969. **O psicopata americano** – Bret Easton Ellis
970. **Ensaios de amor** – Alain de Botton
971. **O grande Gatsby** – F. Scott Fitzgerald
972. **Por que não sou cristão** – Bertrand Russell
973. **A Casa Torta** – Agatha Christie
974. **Encontro com a morte** – Agatha Christie
975(23). **Rimbaud** – Jean-Baptiste Baronian
976. **Cartas na rua** – Bukowski
977. **Memória** – Jonathan K. Foster
978. **A abadia de Northanger** – Jane Austen
979. **As pernas de Úrsula** – Claudia Tajes
980. **Retrato inacabado** – Agatha Christie
981. **Solanin (1)** – Inio Asano
982. **Solanin (2)** – Inio Asano
983. **Aventuras de menino** – Mitsuru Adachi
984(16). **Fatos & mitos sobre sua alimentação** – Dr. Fernando Lucchese
985. **Teoria quântica** – John Polkinghorne
986. **O eterno marido** – Fiódor Dostoiévski
987. **Um safado em Dublin** – J. P. Donleavy
988. **Mirinha** – Dalton Trevisan
989. **Akhenaton e Nefertiti** – Carmen Seganfredo e A. S. Franchini

990. On the Road – o manuscrito original – Jack Kerouac
991. Relatividade – Russell Stannard
992. Abaixo de zero – Bret Easton Ellis
993.(24). Andy Warhol – Mériam Korichi
995. Os últimos casos de Miss Marple – Agatha Christie
996. Nico Demo: Aí vem encrenca – Mauricio de Sousa
998. Rousseau – Robert Wokler
999. Noite sem fim – Agatha Christie
1000. Diários de Andy Warhol (1) – Editado por Pat Hackett
1001. Diários de Andy Warhol (2) – Editado por Pat Hackett
1002. Cartier-Bresson: o olhar do século – Pierre Assouline
1003. As melhores histórias da mitologia: vol. 1 – A.S. Franchini e Carmen Seganfredo
1004. As melhores histórias da mitologia: vol. 2 – A.S. Franchini e Carmen Seganfredo
1005. Assassinato no beco – Agatha Christie
1006. Convite para um homicídio – Agatha Christie
1008. História da vida – Michael J. Benton
1009. Jung – Anthony Stevens
1010. Arsène Lupin, ladrão de casaca – Maurice Leblanc
1011. Dublinenses – James Joyce
1012. 120 tirinhas da Turma da Mônica – Mauricio de Sousa
1013. Antologia poética – Fernando Pessoa
1014. A aventura de um cliente ilustre *seguido de* O último adeus de Sherlock Holmes – Sir Arthur Conan Doyle
1015. Cenas de Nova York – Jack Kerouac
1016. A corista – Anton Tchékhov
1017. O diabo – Leon Tolstói
1018. Fábulas chinesas – Sérgio Capparelli e Márcia Schmaltz
1019. O gato do Brasil – Sir Arthur Conan Doyle
1020. Missa do Galo – Machado de Assis
1021. O mistério de Marie Rogêt – Edgar Allan Poe
1022. A mulher mais linda da cidade – Bukowski
1023. O retrato – Nicolai Gogol
1024. O conflito – Agatha Christie
1025. Os primeiros casos de Poirot – Agatha Christie
1027.(25). Beethoven – Bernard Fauconnier
1028. Platão – Julia Annas
1029. Cleo e Daniel – Roberto Freire
1030. Til – José de Alencar
1031. Viagens na minha terra – Almeida Garrett
1032. Profissões para mulheres e outros artigos feministas – Virginia Woolf
1033. Mrs. Dalloway – Virginia Woolf
1034. O cão da morte – Agatha Christie
1035. Tragédia em três atos – Agatha Christie
1037. O fantasma da Ópera – Gaston Leroux
1038. Evolução – Brian e Deborah Charlesworth
1039. Medida por medida – Shakespeare
1040. Razão e sentimento – Jane Austen
1041. A obra-prima ignorada *seguido de* Um episódio durante o Terror – Balzac
1042. A fugitiva – Anaïs Nin
1043. As grandes histórias da mitologia greco-romana – A. S. Franchini
1044. O corno de si mesmo & outras historietas – Marquês de Sade
1045. Da felicidade *seguido de* Da vida retirada – Sêneca
1046. O horror em Red Hook e outras histórias – H. P. Lovecraft
1047. Noite em claro – Martha Medeiros
1048. Poemas clássicos chineses – Li Bai, Du Fu e Wang Wei
1049. A terceira moça – Agatha Christie
1050. Um destino ignorado – Agatha Christie
1051.(26). Buda – Sophie Royer
1052. Guerra Fria – Robert J. McMahon
1053. Simons's Cat: as aventuras de um gato travesso e comilão – vol. 1 – Simon Tofield
1054. Simons's Cat: as aventuras de um gato travesso e comilão – vol. 2 – Simon Tofield
1055. Só as mulheres e as baratas sobreviverão – Claudia Tajes
1057. Pré-história – Chris Gosden
1058. Pintou sujeira! – Mauricio de Sousa
1059. Contos de Mamãe Gansa – Charles Perrault
1060. A interpretação dos sonhos: vol. 1 – Freud
1061. A interpretação dos sonhos: vol. 2 – Freud
1062. Frufru Rataplã Dolores – Dalton Trevisan
1063. As melhores histórias da mitologia egípcia – Carmem Seganfredo e A.S. Franchini
1064. Infância. Adolescência. Juventude – Tolstói
1065. As consolações da filosofia – Alain de Botton
1066. Diários de Jack Kerouac – 1947-1954
1067. Revolução Francesa – vol. 1 – Max Gallo
1068. Revolução Francesa – vol. 2 – Max Gallo
1069. O detetive Parker Pyne – Agatha Christie
1070. Memórias do esquecimento – Flávio Tavares
1071. Drogas – Leslie Iversen
1072. Manual de ecologia (vol.2) – J. Lutzenberger
1073. Como andar no labirinto – Affonso Romano de Sant'Anna
1074. A orquídea e o serial killer – Juremir Machado da Silva
1075. Amor nos tempos de fúria – Lawrence Ferlinghetti
1076. A aventura do pudim de Natal – Agatha Christie
1078. Amores que matam – Patricia Faur
1079. Histórias de pescador – Mauricio de Sousa
1080. Pedaços de um caderno manchado de vinho – Bukowski
1081. A ferro e fogo: tempo de solidão (vol.1) – Josué Guimarães
1082. A ferro e fogo: tempo de guerra (vol.2) – Josué Guimarães
1084.(17). Desembarcando o Alzheimer – Dr. Fernando Lucchese e Dra. Ana Hartmann

1085. **A maldição do espelho** – Agatha Christie
1086. **Uma breve história da filosofia** – Nigel Warburton
1088. **Heróis da História** – Will Durant
1089. **Concerto campestre** – L. A. de Assis Brasil
1090. **Morte nas nuvens** – Agatha Christie
1092. **Aventura em Bagdá** – Agatha Christie
1093. **O cavalo amarelo** – Agatha Christie
1094. **O método de interpretação dos sonhos** – Freud
1095. **Sonetos de amor e desamor** – Vários
1096. **120 tirinhas do Dilbert** – Scott Adams
1097. **200 fábulas de Esopo**
1098. **O curioso caso de Benjamin Button** – F. Scott Fitzgerald
1099. **Piadas para sempre: uma antologia para morrer de rir** – Visconde da Casa Verde
1100. **Hamlet (Mangá)** – Shakespeare
1101. **A arte da guerra (Mangá)** – Sun Tzu
1104. **As melhores histórias da Bíblia (vol.1)** – A. S. Franchini e Carmen Seganfredo
1105. **As melhores histórias da Bíblia (vol.2)** – A. S. Franchini e Carmen Seganfredo
1106. **Psicologia das massas e análise do eu** – Freud
1107. **Guerra Civil Espanhola** – Helen Graham
1108. **A autoestrada do sul e outras histórias** – Julio Cortázar
1109. **O mistério dos sete relógios** – Agatha Christie
1110. **Peanuts: Ninguém gosta de mim... (amor)** – Charles Schulz
1111. **Cadê o bolo?** – Mauricio de Sousa
1112. **O filósofo ignorante** – Voltaire
1113. **Totem e tabu** – Freud
1114. **Filosofia pré-socrática** – Catherine Osborne
1115. **Desejo de status** – Alain de Botton
1118. **Passageiro para Frankfurt** – Agatha Christie
1120. **Kill All Enemies** – Melvin Burgess
1121. **A morte da sra. McGinty** – Agatha Christie
1122. **Revolução Russa** – S. A. Smith
1123. **Até você, Capitu?** – Dalton Trevisan
1124. **O grande Gatsby (Mangá)** – F. S. Fitzgerald
1125. **Assim falou Zaratustra (Mangá)** – Nietzsche
1126. **Peanuts: É para isso que servem os amigos (amizade)** – Charles Schulz
1127. (27). **Nietzsche** – Dorian Astor
1128. **Bidu: Hora do banho** – Mauricio de Sousa
1129. **O melhor do Macanudo Taurino** – Santiago
1130. **Radicci 30 anos** – Iotti
1131. **Show de sabores** – J.A. Pinheiro Machado
1132. **O prazer das palavras** – vol. 3 – Cláudio Moreno
1133. **Morte na praia** – Agatha Christie
1134. **O fardo** – Agatha Christie
1135. **Manifesto do Partido Comunista (Mangá)** – Marx & Engels
1136. **A metamorfose (Mangá)** – Franz Kafka
1137. **Por que você não se casou... ainda** – Tracy McMillan
1138. **Textos autobiográficos** – Bukowski
1139. **A importância de ser prudente** – Oscar Wilde
1140. **Sobre a vontade na natureza** – Arthur Schopenhauer
1141. **Dilbert (8)** – Scott Adams
1142. **Entre dois amores** – Agatha Christie
1143. **Cipreste triste** – Agatha Christie
1144. **Alguém viu uma assombração?** – Mauricio de Sousa
1145. **Mandela** – Elleke Boehmer
1146. **Retrato do artista quando jovem** – James Joyce
1147. **Zadig ou o destino** – Voltaire
1148. **O contrato social (Mangá)** – J.-J. Rousseau
1149. **Garfield fenomenal** – Jim Davis
1150. **A queda da América** – Allen Ginsberg
1151. **Música na noite & outros ensaios** – Aldous Huxley
1152. **Poesias inéditas & Poemas dramáticos** – Fernando Pessoa
1153. **Peanuts: Felicidade é...** – Charles M. Schulz
1154. **Mate-me por favor** – Legs McNeil e Gillian McCain
1155. **Assassinato no Expresso Oriente** – Agatha Christie
1156. **Um punhado de centeio** – Agatha Christie
1157. **A interpretação dos sonhos (Mangá)** – Freud
1158. **Peanuts: Você não entende o sentido da vida** – Charles M. Schulz
1159. **A dinastia Rothschild** – Herbert R. Lottman
1160. **A Mansão Hollow** – Agatha Christie
1161. **Nas montanhas da loucura** – H.P. Lovecraft
1162. (28). **Napoleão Bonaparte** – Pascale Fautrier
1163. **Um corpo na biblioteca** – Agatha Christie
1164. **Inovação** – Mark Dodgson e David Gann
1165. **O que toda mulher deve saber sobre os homens: a afetividade masculina** – Walter Riso
1166. **O amor está no ar** – Mauricio de Sousa
1167. **Testemunha de acusação & outras histórias** – Agatha Christie
1168. **Etiqueta de bolso** – Celia Ribeiro
1169. **Poesia reunida (volume 3)** – Affonso Romano de Sant'Anna
1170. **Emma** – Jane Austen
1171. **Que seja em segredo** – Ana Miranda
1172. **Garfield sem apetite** – Jim Davis
1173. **Garfield: Foi mal...** – Jim Davis
1174. **Os irmãos Karamázov (Mangá)** – Dostoiévski
1175. **O Pequeno Príncipe** – Antoine de Saint-Exupéry
1176. **Peanuts: Ninguém mais tem o espírito aventureiro** – Charles M. Schulz
1177. **Assim falou Zaratustra** – Nietzsche
1178. **Morte no Nilo** – Agatha Christie
1179. **Ê, soneca boa** – Mauricio de Sousa
1180. **Garfield a todo o vapor** – Jim Davis
1181. **Em busca do tempo perdido (Mangá)** – Proust
1182. **Cai o pano: o último caso de Poirot** – Agatha Christie
1183. **Livro para colorir e relaxar** – Livro 1
1184. **Para colorir sem parar**
1185. **Os elefantes não esquecem** – Agatha Christie

1186. **Teoria da relatividade** – Albert Einstein
1187. **Compêndio da psicanálise** – Freud
1188. **Visões de Gerard** – Jack Kerouac
1189. **Fim de verão** – Mohiro Kitoh
1190. **Procurando diversão** – Mauricio de Sousa
1191. **E não sobrou nenhum e outras peças** – Agatha Christie
1192. **Ansiedade** – Daniel Freeman & Jason Freeman
1193. **Garfield: pausa para o almoço** – Jim Davis
1194. **Contos do dia e da noite** – Guy de Maupassant
1195. **O melhor de Hagar 7** – Dik Browne
1196.(29). **Lou Andreas-Salomé** – Dorian Astor
1197.(30). **Pasolini** – René de Ceccatty
1198. **O caso do Hotel Bertram** – Agatha Christie
1199. **Crônicas de motel** – Sam Shepard
1200. **Pequena filosofia da paz interior** – Catherine Rambert
1201. **Os sertões** – Euclides da Cunha
1202. **Treze à mesa** – Agatha Christie
1203. **Bíblia** – John Riches
1204. **Anjos** – David Albert Jones
1205. **As tirinhas do Guri de Uruguaiana 1** – Jair Kobe
1206. **Entre aspas (vol.1)** – Fernando Eichenberg
1207. **Escrita** – Andrew Robinson
1208. **O spleen de Paris: pequenos poemas em prosa** – Charles Baudelaire
1209. **Satíricon** – Petrônio
1210. **O avarento** – Molière
1211. **Queimando na água, afogando-se na chama** – Bukowski
1212. **Miscelânea septuagenária: contos e poemas** – Bukowski
1213. **Que filosofar é aprender a morrer e outros ensaios** – Montaigne
1214. **Da amizade e outros ensaios** – Montaigne
1215. **O medo à espreita e outras histórias** – H.P. Lovecraft
1216. **A obra de arte na era de sua reprodutibilidade técnica** – Walter Benjamin
1217. **Sobre a liberdade** – John Stuart Mill
1218. **O segredo de Chimneys** – Agatha Christie
1219. **Morte na rua Hickory** – Agatha Christie
1220. **Ulisses (Mangá)** – James Joyce
1221. **Ateísmo** – Julian Baggini
1222. **Os melhores contos de Katherine Mansfield** – Katherine Mansfied
1223.(31). **Martin Luther King** – Alain Foix
1224. **Millôr Definitivo: uma antologia de A Bíblia do Caos** – Millôr Fernandes
1225. **O Clube das Terças-Feiras e outras histórias** – Agatha Christie
1226. **Por que sou tão sábio** – Nietzsche
1227. **Sobre a mentira** – Platão
1228. **Sobre a leitura seguido do Depoimento de Céleste Albaret** – Proust
1229. **O homem do terno marrom** – Agatha Christie
1230.(32). **Jimi Hendrix** – Franck Médioni
1231. **Amor e amizade e outras histórias** – Jane Austen
1232. **Lady Susan, Os Watson e Sanditon** – Jane Austen
1233. **Uma breve história da ciência** – William Bynum
1234. **Macunaíma: o herói sem nenhum caráter** – Mário de Andrade
1235. **A máquina do tempo** – H.G. Wells
1236. **O homem invisível** – H.G. Wells
1237. **Os 36 estratagemas: manual secreto da arte da guerra** – Anônimo
1238. **A mina de ouro e outras histórias** – Agatha Christie
1239. **Pic** – Jack Kerouac
1240. **O habitante da escuridão e outros contos** – H.P. Lovecraft
1241. **O chamado de Cthulhu e outros contos** – H.P. Lovecraft
1242. **O melhor de Meu reino por um cavalo!** – Edição de Ivan Pinheiro Machado
1243. **A guerra dos mundos** – H.G. Wells
1244. **O caso da criada perfeita e outras histórias** – Agatha Christie
1245. **Morte por afogamento e outras histórias** – Agatha Christie
1246. **Assassinato no Comitê Central** – Manuel Vázquez Montalbán
1247. **O papai é pop** – Marcos Piangers
1248. **O papai é pop 2** – Marcos Piangers
1249. **A mamãe é rock** – Ana Cardoso
1250. **Paris boêmia** – Dan Franck
1251. **Paris libertária** – Dan Franck
1252. **Paris ocupada** – Dan Franck
1253. **Uma anedota infame** – Dostoiévski
1254. **O último dia de um condenado** – Victor Hugo
1255. **Nem só de caviar vive o homem** – J.M. Simmel
1256. **Amanhã é outro dia** – J.M. Simmel
1257. **Mulherzinhas** – Louisa May Alcott
1258. **Reforma Protestante** – Peter Marshall
1259. **História econômica global** – Robert C. Allen
1260.(33). **Che Guevara** – Alain Foix
1261. **Câncer** – Nicholas James
1262. **Akhenaton** – Agatha Christie
1263. **Aforismos para a sabedoria de vida** – Arthur Schopenhauer
1264. **Uma história do mundo** – David Coimbra
1265. **Ame e não sofra** – Walter Riso
1266. **Desapegue-se!** – Walter Riso
1267. **Os Sousa: Uma família do barulho** – Mauricio de Sousa
1268. **Nico Demo: O rei da travessura** – Mauricio de Sousa
1269. **Testemunha de acusação e outras peças** – Agatha Christie
1270.(34). **Dostoiévski** – Virgil Tanase
1271. **O melhor de Hagar 8** – Dik Browne
1272. **O melhor de Hagar 9** – Dik Browne
1273. **O melhor de Hagar 10** – Dik e Chris Browne

1274. **Considerações sobre o governo representativo** – John Stuart Mill
1275. **O homem Moisés e a religião monoteísta** – Freud
1276. **Inibição, sintoma e medo** – Freud
1277. **Além do princípio de prazer** – Freud
1278. **O direito de dizer não!** – Walter Riso
1279. **A arte de ser flexível** – Walter Riso
1280. **Casados e descasados** – August Strindberg
1281. **Da Terra à Lua** – Júlio Verne
1282. **Minhas galerias e meus pintores** – Kahnweiler
1283. **A arte do romance** – Virginia Woolf
1284. **Teatro completo v. 1: As aves da noite** *seguido de* **O visitante** – Hilda Hilst
1285. **Teatro completo v. 2: O verdugo** *seguido de* **A morte do patriarca** – Hilda Hilst
1286. **Teatro completo v. 3: O rato no muro** *seguido de* **Auto da barca de Camiri** – Hilda Hilst
1287. **Teatro completo v. 4: A empresa** *seguido de* **O novo sistema** – Hilda Hilst
1289. **Fora de mim** – Martha Medeiros
1290. **Divã** – Martha Medeiros
1291. **Sobre a genealogia da moral: um escrito polêmico** – Nietzsche
1292. **A consciência de Zeno** – Italo Svevo
1293. **Células-tronco** – Jonathan Slack
1294. **O fim do ciúme e outros contos** – Proust
1295. **A jangada** – Júlio Verne
1296. **A ilha do dr. Moreau** – H.G. Wells
1297. **Ninho de fidalgos** – Ivan Turguêniev
1298. **Jane Eyre** – Charlotte Brontë
1299. **Sobre gatos** – Bukowski
1300. **Sobre o amor** – Bukowski
1301. **Escrever para não enlouquecer** – Bukowski
1302. **222 receitas** – J. A. Pinheiro Machado
1303. **Reinações de Narizinho** – Monteiro Lobato
1304. **O Saci** – Monteiro Lobato
1305. **Memórias da Emília** – Monteiro Lobato
1306. **O Picapau Amarelo** – Monteiro Lobato
1307. **A reforma da Natureza** – Monteiro Lobato
1308. **Fábulas** *seguido de* **Histórias diversas** – Monteiro Lobato
1309. **Aventuras de Hans Staden** – Monteiro Lobato
1310. **Peter Pan** – Monteiro Lobato
1311. **Dom Quixote das crianças** – Monteiro Lobato
1312. **O Minotauro** – Monteiro Lobato
1313. **Um quarto só seu** – Virginia Woolf
1314. **Sonetos** – Shakespeare
1315. (35).**Thoreau** – Marie Berthoumieu e Laura El Makki
1316. **Teoria da arte** – Cynthia Freeland
1317. **A arte da prudência** – Baltasar Gracián
1318. **O louco** *seguido de* **Areia e espuma** – Khalil Gibran
1319. **O profeta** *seguido de* **O jardim do profeta** – Khalil Gibran
1320. **Jesus, o Filho do Homem** – Khalil Gibran
1321. **A luta** – Norman Mailer
1322. **Sobre o sofrimento do mundo e outros ensaios** – Schopenhauer
1323. **Epidemiologia** – Rodolfo Sacacci
1324. **Japão moderno** – Christopher Goto-Jones
1325. **A arte da meditação** – Matthieu Ricard
1326. **O adversário secreto** – Agatha Christie
1327. **Pollyanna** – Eleanor H. Porter
1328. **Espelhos** – Eduardo Galeano
1329. **A Vênus das peles** – Sacher-Masoch
1330. **O 18 de brumário de Luís Bonaparte** – Karl Marx
1331. **Um jogo para os vivos** – Patricia Highsmith
1332. **A tristeza pode esperar** – J.J. Camargo
1333. **Vinte poemas de amor e uma canção desesperada** – Pablo Neruda
1334. **Judaísmo** – Norman Solomon
1335. **Esquizofrenia** – Christopher Frith & Eve Johnstone
1336. **Seis personagens em busca de um autor** – Luigi Pirandello
1337. **A Fazenda dos Animais** – George Orwell
1338. **1984** – George Orwell
1339. **Ubu Rei** – Alfred Jarry
1340. **Sobre bêbados e bebidas** – Bukowski
1341. **Tempestade para os vivos e para os mortos** – Bukowski
1342. **Complicado** – Natsume Ono
1343. **Sobre o livre-arbítrio** – Schopenhauer
1344. **Uma breve história da literatura** – John Sutherland
1345. **Você fica tão sozinho às vezes que até faz sentido** – Bukowski
1346. **Um apartamento em Paris** – Guillaume Musso
1347. **Receitas fáceis e saborosas** – José Antonio Pinheiro Machado
1348. **Por que engordamos** – Gary Taubes
1349. **A fabulosa história do hospital** – Jean-Noël Fabiani
1350. **Voo noturno** *seguido de* **Terra dos homens** – Antoine de Saint-Exupéry
1351. **Doutor Sax** – Jack Kerouac
1352. **O livro do Tao e da virtude** – Lao-Tsé
1353. **Pista negra** – Antonio Manzini
1354. **A chave de vidro** – Dashiell Hammett
1355. **Martin Eden** – Jack London
1356. **Já te disse adeus, e agora, como te esqueço?** – Walter Riso
1357. **A viagem do descobrimento** – Eduardo Bueno
1358. **Náufragos, traficantes e degredados** – Eduardo Bueno
1359. **O retrato do Brasil** – Paulo Prado
1360. **Maravilhosamente imperfeito, escandalosamente feliz** – Walter Riso

lepmeditores
www.lpm.com.br
o site que conta tudo

IMPRESSÃO:

PALLOTTI
GRÁFICA

Santa Maria - RS | Fone: (55) 3220.4500
www.graficapallotti.com.br